Leo Nowak (Hg.)

# UN-GLAUBLICH

benno

BIBLIOGRAFISCHE INFORMATION DER DEUTSCHEN BIBLIOTHEK

Die Deutsche Bibliothek verzeichnet diese Publikation
in der Deutschen Nationalbibliografie; detaillierte
bibliografische Daten sind im Internet
über http://dnb.ddb.de abrufbar.

ISBN 978-3-7462-1963-9
© St. Benno-Verlag GmbH
Stammerstr. 11, 04159 Leipzig
www.st-benno.de
Gestaltung: Ulrike Vetter, Leipzig
Gesamtherstellung: Arnold & Domnick, Leipzig

# INHALT

Seit 1999 werden die Taufbewerber/innen unseres Bistums Magdeburg von den Verantwortlichen für das Erwachsenenkatechumenat jeweils zu Beginn der Fastenzeit zu einem Gottesdienst nach Magdeburg in das Roncalli-Haus eingeladen. Dieser Gottesdienst ist für alle Beteiligten (Taufbewerber, Pfarrer, Paten, Verwandte, Freunde) immer ein besonderes Ereignis. In der Mitte dieses Gottesdienstes stehen die persönlichen Zeugnisse der Taufbewerber/innen. Sie werden eingeladen, mit eigenen Worten zu erzählen, wie sie zum Glauben gekommen sind und warum sie sich taufen lassen wollen. Mit großer Betroffenheit werden wir als Teilnehmer Zeugen »unglaublicher Glaubensgeschichten.« Wir alle können nur dankbar antworten: »Dem Herrn will ich singen. Machtvoll hat er sich kundgetan!«
Diese Glaubensgeschichten sind so lebensnah und froh machend, dass ich (als inzwischen emeritierter Bischof) die Taufbewerber/innen gebeten habe, ihre Erfahrungen aufzuschreiben, damit sie anderen zugänglich gemacht werden können. Im September 2004 habe ich ihnen in einem Brief u.a. geschrieben:

*»Wir sollten anderen diese Erfahrungen nicht vorenthalten. Gern möchte ich deshalb diese je eigenen Glaubensgeschichten in einem kleinen Buch veröffentlichen. Anonymität wird natürlich gewährleistet. Wenn Sie sich mit einem persönlichen Beitrag beteiligen wollen, dann beantworten Sie bitte die folgenden Fragen: Wie bekam ich Kontakt mit der katholischen Kirche? Auf welche Weise bin ich zum Glauben gekommen? Weshalb wollte ich mich taufen lassen oder weshalb wollte ich dieser Kirche angehören? Was möchte ich anderen empfehlen?*
*Natürlich sind Sie an diese Fragen nicht gebunden. Wenn Sie mir aber antworten, dann tun Sie das bitte am besten in einer möglichst einfachen Sprache, indem Sie Ihre Erfahrungen erzählend niederschreiben. Sicher verstehen Sie, wenn ich mir die redaktionelle Überarbeitung Ihres Beitrages vorbehalten muss und gegebenenfalls Kürzungen oder Auswahl erforderlich sind. Ich freue mich, wenn Sie mir helfen und mir schreiben. Auch wenn Sie sich nicht in der Lage fühlen, einen Beitrag zu liefern, freue ich mich, wenn Sie mir antworten.«*

Ich habe mehr als vierzig Rückantworten erhalten. Diese Glaubensgeschichten dürfen nicht untergehen. Sie sind eine Ermutigung für uns alle, besonders für jene, die selbst fragen und suchen. Die Zuschriften der Taufbewerber und Konvertiten haben wir möglichst unverändert und unfrisiert in diesem kleinen Buch wiedergegeben. Der Originalton soll unbedingt erhalten bleiben. Die nach Alter und Geschlecht, nach Anlass und Motiv sehr unterschiedlichen Berichte lassen eine alte Tradition der Glaubensvermittlung wieder aufleben: das persönliche Glaubenszeugnis. Der Glaube wird durch überzeugte und glaubwürdige Personen vermittelt. Schon der Apostel Paulus scheut sich nicht, in seinen Briefen die »Ichform« zu gebrauchen. Er spricht von sich und seinem Glauben. Und wie oft heißt es im Evangelium von Jesus: »Ich aber sage euch ...!«

Natürlich gibt es eine berechtigte Scheu, eigene Erfahrungen wiederzugeben. Die Gradwanderung zwischen persönlicher Betroffenheit und der eigenen Intimsphäre ist ein Risiko. Andererseits aber sind theologische Darlegungen, die tunlichst jede auch nur annähernd persönliche Note vermissen lassen, kaum in der Lage, wirkliche Glaubensbegeisterung zu wecken. Jeder Prediger weiß, wie wichtig es für die Zuhörer ist, wenn sie erfahren können, dass auch der Verkündiger selbst auf der Seite der Glaubenden und Suchenden steht.

Wenn so viele auch zumeist junge Leute etwas von sich und ihrem Glaubensweg preisgeben, dann ist es sicher auch angemessen, wenn ich von mir und meinem Glaubensweg erzähle: Ich bin in diesem Land in einer katholische Familie groß geworden. Eine gewisse selbstverständliche Gläubigkeit verdanke ich meinen Eltern. Ich habe eine lebendige katholische Diasporagemeinde und eine mich tragende katholische Jugendgruppe erlebt.
Nach Beendigung des Zweiten Weltkrieges habe ich bis zum Abitur noch zwei Jahre lang eine sozialistische Schule besucht. In diesen Jahren wurde meine eher selbstverständliche Glaubensüberzeugung durch einen Geschichtslehrer sehr in Frage gestellt. In durchaus gekonnter Weise versuchte er, den Glauben an Gott lächerlich zu machen und zu widerlegen. Er verstand es, die dunklen Seiten der Kirchengeschichte aufzuzeigen. Immer wieder betonte er, wie töricht es sei, den obskuren Geschichten der Bibel Glauben zu schenken. Ein aufgeschlossener und fortschrittlicher junger Mensch braucht keine Religion. Die neue Zeit und die marxistisch-atheistische Weltanschauung haben diesen Köhlerglauben längst überwunden und ad absurdum geführt. Der wissenschaftliche Marxismus hat die Menschen von solchen Ammenmärchen für immer befreit. Alles, was mit unserem Glauben zusammenhing, erklärte er im wahrsten Sinn des Wortes für »unglaublich.«
Wir waren nur ganz wenige, die zur Kirche hielten. Daher waren wir immer zuerst die Zielscheibe für seine Attacken. Wer hatte nun recht? Meine Eltern, der Vikar oder der Lehrer? Was ist wahr? Existiert Gott oder existiert er nicht? Beides kann doch nicht zugleich wahr sein! Deshalb entschloss ich mich zum Theologiestudium. Ich wollte herausfinden, was Sache ist. Wenn Gott existiert, dann möchte ich mich auch für die Verbreitung des Glaubens einsetzen. Je länger ich aber studierte, desto deutlicher wurde mir, dass die Frage nach dieser Wahrheit gar nicht so leicht zu beantworten ist. Der Glaube hat nämlich eine personale Struktur und verlangt deshalb nach einer persönlichen Entscheidung. Deshalb fordert Jesus ja auch: »Glaubt an Gott und glaubt an mich …« (Joh 14,1). Dieses Wort hat mich mein ganzes Leben hindurch nicht mehr losgelassen.

Als Vikar in der Jugendarbeit, als Seelsorgeamtsleiter und dann als Bischof eines weiten Diasporabistums hat mich immer die Frage bedrängt: Wie können wir die befreiende Botschaft von Gottes Liebe zu allen Menschen in unserer Zeit überzeugend verkündigen? Immer wieder wurde mir klar, dass die Vermittlung des Glaubens nur durch überzeugte Menschen geschehen kann. Nur begeisterte Menschen können Träger einer solchen Mission sein. Deshalb dürfen wir die Glaubenszeugnisse unserer Taufbewerber anderen nicht vorenthalten.

Wer mehr oder weniger in einer gläubigen Umgebung groß geworden ist, wird wach gerüttelt. Er ist aufgerufen, neu nach der Bedeutung des Glaubens im eigenen Leben zu fragen. Darin liegt eine große Chance. Wir werden darüber belehrt, dass Gott immer wieder einzelne ruft, damit sie sich auf diesen unglaublichen Weg des Glaubens begeben inmitten einer großen Zahl von überwiegend andersdenkenden Menschen. Die Neugetauften haben in unserer Situation eine besonders große Bedeutung, weil sie sich gegen den allgemeinen Trend stellen und bezeugen: »Nur tote Fische schwimmen mit dem Strom.« und »Bei Gott ist kein Ding unmöglich.«
Es kommt eben nicht nur auf die Quantität, sondern vor allem auf die Qualität an. Gott ist kein Gott der Statistik. Weniger kann mehr sein. Keine Statistik kann in Zahlen erfassen, was in einem einzigen Menschen an Vertrauen und Liebe vorhanden ist. Wir werden dem Menschen nicht gerecht, wenn wir ihn nur berechnen, kalkulieren und nach seinen Leistungen allein bewerten. Jeder Mensch will zuerst geliebt und anerkannt werden. Diese Zuwendung haben die Taufbewerber erfahren, wenn sie bekennen, dass sie nunmehr an Gott glauben. In jedem Menschen steckt ein »Zauberwort«, das dem Leben Klang und Farbe verleiht.
Schon der bekannte Theologe Karl Rahner hat in weiser Voraussicht auf die Zukunft von Kirche und Glauben gemeint, dass es wichtiger sei, einen einzigen Menschen für den Glauben zu gewinnen, als viele im Glauben zu bewahren. Diese biblische Sichtweise erfordert ein energisches Umdenken in unserer Pastoral. Die Zuwendung zum Einzelnen gilt es wieder zu entdecken.
Die Neugetauften sind eine unschätzbare Bereicherung für unsere Kirche. Wir sind die Beschenkten. Die Frische und Freude, die sie uns vermitteln, können neu zur Verlebendigung und Wertschätzung unseres überkommenen Glaubens führen. Sie selbst sind erstaunt und erschrocken über das, was ihnen da widerfahren ist. Sie haben Unglaubliches erlebt. Gott ist ihnen begegnet. Der Geist Gottes hat ihnen die Augen geöffnet für das Unglaubliche des Glaubens.

Wir haben den einzelnen Glaubensgeschichten noch zwei Beiträge hinzugefügt. Pfarrer Christian Vornewald fragt nach dem spirituellen Hintergrund dieser Erfahrungen und Propst Dr. Nachtwei reflektiert die pastoraltheologische Bedeutung dieser unglaublichen Glaubensgeschichten. Er zieht aus all diesen Erfahrungen die bedenkenswerte Schlussfolgerung, dass wir von den Neugetauften »unglaublich lernen« müssen. Die Kirche ist eben Mission oder sie ist nicht Kirche!
Unser Dank gebührt aber auch Pfarrer i. R. Ludwig Stegl, der mit großer Sorgfalt die einzelnen Beiträge durchgesehen und mit Titeln versehen hat.

Dieses missionarische Grundanliegen zog sich auch wie ein roter Faden durch unser »Pastorales Zukunftsgespräch«, das im Bistum Magdeburg in den Jahren 2002–04 geführt werden konnte. Nicht zuletzt haben auch die Erfahrungen der Taufbewerber zur Formulierung des Leitwortes unseres PZG geführt, das auch künftighin seine volle Gültigkeit behält:

*»Wir wagen den Aufbruch. Wir wollen eine Kirche sein, die sich nicht selbst genügt, sondern die allen Menschen Anteil an der Hoffnung gibt, die uns in Jesus Christus geschenkt ist. Seine Botschaft verheißt den Menschen »das Leben in Fülle«, auch dann, wenn die eigenen Möglichkeiten erschöpft sind. Deshalb nehmen wir die Herausforderung an, in unserer Diasporasituation eine missionarische Kirche zu sein. Einladend, offen und dialogbereit gehen wir in die Zukunft.«*

*Bischof em. Leo Nowak*

Hätte mir jemand vor 10 Jahren gesagt, dass ich an einen Gott glaube, katholisch sein werde und Theologie studiere: ich glaube, ich hätte ihn für verrückt erklärt. Aufgewachsen bin ich in der DDR, war Jung- und Thälmannpionier, habe meine Jungendweihe gefeiert. Unsere Familie war eine typische DDR-Familie, und dazu gehörte auch, dass Gott bei uns nicht vorkam, es gab ihn einfach nicht. Und daran änderte auch die Wende nichts. Alles begann mit einem Inserat in der Zeitung. Eigentlich wollte ich nach dem Abitur Medizin studieren, doch ich kam auf die Warteliste, sodass ich vor der Frage stand, was ich in der Zwischenzeit tun wolle. Und dann stand in der Zeitung: »Wollen sie Latein und Griechisch lernen?« Natürlich wollte ich; ein Anruf und ich konnte an dem Sprachkurs in Magdeburg teilnehmen. Doch die Welt, die mich dort erwartete, war eine völlig andere. So etwas hatte ich noch nie erlebt oder gesehen. In jedem Zimmer war ein Kreuz an der Wand und überall waren so »komische« Bilder. Allmählich wurde mir klar, dass es keine »normale« Schule war. Ich war mitten in einer kirchlichen Einrichtung. Als ich dann die anderen Kursteilnehmer, zukünftige Priesteramtskanditaten, kennen lernte, war ich geschockt. Als ich mit den Menschen dort ins Gespräch kam, schossen mir viele Fragen durch den Kopf. Ich war neugierig und wollte wissen, wieso sie Priester werden wollen. Was ist das für ein Gott, an den sie glauben, dem sie ihr ganzes Leben anvertrauen? Was für eine Rolle spielt eigentlich die Bibel? Ist es nicht nur einfach ein literarisches Werk, das sich damals Leute ausgedacht haben? Ich wollte mehr darüber wissen, was und wie sie glaubten, wie sie sich Gott vorstellten, wieso sie überhaupt daran glauben; immerhin gibt es ja keine 100 % Sicherheit. Nun ja, ich fragte sie also aus, und sie hatten wirklich Geduld mit mir; doch die Antworten, die sie mir gaben, befriedigten mich bei weitem nicht. Ich wollte eine klare, eindeutige Antwort, doch diese konnten sie mir nicht geben. So begab ich mich selber auf die Suche nach den Antworten. Ich nahm mir die Bibel vor und begann zu lesen. Ich habe es mir verdammt einfach vorgestellt. Doch ich verstand es einfach nicht. Es war wie eine fremde Sprache für mich, ich konnte sie nicht verstehen. Ich weiß noch, wie ich dachte, dass die Leute, die daran glauben, wirklich naiv sein mussten. Aber auf der anderen Seite, so naiv konnte doch kein Mensch sein.

**»Was ist das für ein Gott, an den sie glauben, dem sie ihr ganzes Leben anvertrauen?«**

Es kommt mir vor, als ob es gestern war: der Tag, der mein Leben verändern sollte. Ich saß im Zug, und während ich so aus dem Fenster schaute, dachte ich darüber nach, was ich die letzten Monate alles erlebt hatte. Ich wusste, dass mir meine Außenperspektive keine Antworten auf die vielen Fragen geben würde und konnte. Also musste ich in eine Innenperspektive wechseln, ich musste das »Experiment« wagen. Es ist wie bei einem Haus, welches ich mir von außen anschaue. Ohne mich in das Haus hineinzubegeben, kann ich nicht wissen, wie es von innen ausschaut, wie es eingerichtet ist, wie viele Zimmer es hat. Auch wenn ich es mir von jemandem erzählen lasse, der darin wohnt, kann ich es mir nie richtig vorstellen. Und so ging ich hinein. Ich sagte mir bei jedem Schritt, den ich tat, ich kann ja wieder zurückgehen, wenn es mir nicht gefällt.

Nun bin ich schon 5 Jahre in diesem Haus. Einige Antworten habe ich gefunden, aber immer wieder tauchen neue, andere Fragen auf. Jeden Tag finde ich ein »neues Zimmer« in diesem großen Haus. Ich weiß, dass ich es nie schaffen werde, alle Räume und Ecken kennen zu lernen, aber ich versuche es jeden Tag aufs Neue. Und obwohl ich weiß, dass ich jeden Tag das Haus verlassen kann, möchte ich es nicht. Ich habe mich noch nie so sicher, behütet und erfüllt gefühlt wie jetzt. Ich fühle, dass ich in diesem Haus meine Heimat und meinen Lebensweg gefunden habe.

*Annett G., 26 Jahre*

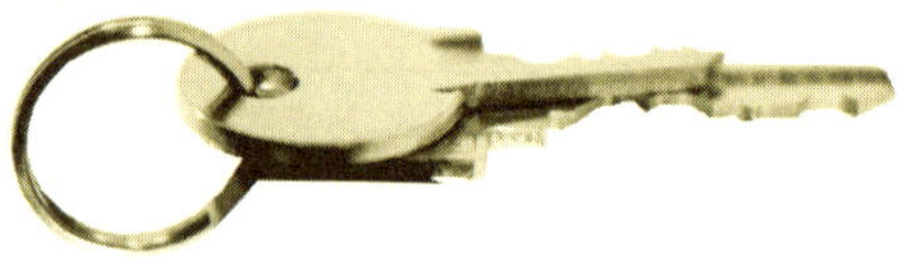

## MEINE GANZ PERSÖNLICHE GLAUBENSGESCHICHTE

1. Wie bekam ich Kontakt mit der katholischen Kirche?
Über den katholischen Kindergarten und durch die Liebe und Aufmerksamkeit, die unser Sohn und wir dort erfahren haben. Aber das ist nur die halbe Wahrheit. Meine Glaubensgeschichte beginnt 1958 in meinem Geburtsort, einem kleinen niedersächsischen Dorf mit 295 evangelischen Einwohnern, meinen konfessionslosen Eltern und meinem Freund Dietmar, dessen Eltern bei einem Autounfall ums Leben kamen. Da meine Eltern konfessionslos waren, wurde auch ich nicht getauft. Dietmar wuchs bei seiner Großmutter auf, die aus Trier stammte und katholisch war. Eine nettere, liebevollere und gradlinigere Frau als Dietmars Großmutter habe ich jahrelang nicht kennen gelernt. Später dann, in den Erzieherinnen des katholischen Kindergartens habe ich Dietmars Oma wiedererkannt.

**»Wenn Gott mit uns ist, wer kann dann gegen uns sein?«**

2. Auf welche Weise bin ich zum Glauben gekommen?
Ich bin durch drei Erfahrungen zum Glauben gekommen:
Von der ersten Erfahrung habe ich schon gesprochen. Der katholische Kindergarten war für mich das erste Schaufenster in die katholische Welt.

Die zweite Erfahrung war mein mehrjähriger Aufenthalt in Rom. Ich konnte das Grab Petri besuchen und habe unseren Papst gesehen, gehört und erfahren.
Die dritte: Unsere Ehe war fünf Jahre kinderlos. Die Mediziner machten uns keine Hoffnung. An meinem vierzigsten Geburtstag habe ich meinen Sohn auf einem Ultraschallbildschirm an seinem Daumen lutschen sehen, in diesem Moment war Gott mir nah.

3. Was hat mich dabei besonders angesprochen?
Angesprochen hat mich besonders der liebe, verantwortungsvolle Umgang mit den Kindern, wie ich ihn schon als Kind von Dietmars Oma erlebt hatte.

4. Weshalb wollte ich mich taufen lassen oder weshalb wollte ich der Kirche angehören?
Unser damals vierjähriger Sohn erklärte uns eines Tages, er sei katholisch und möchte getauft werden, wie M.-B. Aus vorgenannten Gründen fanden wir die Idee und seine Entscheidung sehr gut. Um unseren Sohn katholisch erziehen zu können, wollten wir uns auch taufen lassen. Unser Pfarrer und mein Pate waren eine große Hilfe und treue Freunde und Ratgeber. Eine andere Kirche als die des Petrus, haben wir zu keiner Zeit in Erwägung gezogen.

5. Was möchte ich anderen empfehlen?
Seht Euch die Menschen an und hört auf Euer Herz und meinen Taufspruch (GL 772,7): Wenn Gott mit uns ist, wer kann dann gegen uns sein?

*Bernd K., 46 Jahre*

Als Kind, nicht älter als 6 Jahre, spielte ich mit meiner Freundin ziemlich lautstark vor einem Haus. Wir wussten nicht, dass dort gerade der Religionsunterricht abgehalten wurde. Ein Pfarrer kam heraus, gestört von unserem Lärm, und bat uns kurzerhand mit hineinzukommen. Wir sprachen über Gott, seine Güte und Liebe zu uns und sangen gemeinsam Lieder. Ich spürte die Wärme und Geborgenheit und versprach wiederzukommen. Natürlich heimlich, denn meine Eltern hätten es nicht verstanden. Hatte ich nun Angst, kniete ich vor meinem Bettchen, faltete die kleinen Hände und sprach zu Gott.

**»Hier fühle ich mich Gott nah.«**

Als junge Frau lernte ich Freunde kennen, die evangelisch sind. Mit ihnen besuchte ich manchmal den Gottesdienst und wieder spürte ich die Wärme und Geborgenheit. 1996 erkrankte ich an einer schweren psychischen Krankheit, die mich bis heute nicht losgelassen hat und ich bete zu Gott, immer und immer wieder. Oft geht es mir sehr schlecht, aber ich bin nicht allein. Gott liebt mich und steht mir bei. Mit Gottes Hilfe werde ich die Krankheit ertragen können. Ich habe in dieser Zeit viele Gottesdienste besucht und dadurch festgestellt, dass mich der katholische Gottesdienst am besten anspricht. Hier fühle ich mich Gott nah; deshalb reifte mein Wunsch, dieser Kirche anzugehören, und so ließ ich mich am 19.04.03 taufen. Zur Osternacht getauft zu werden, was kann es Schöneres geben?
Ich kann anderen nur empfehlen, ihre eigenen Erfahrungen zu sammeln, den Gottesdienst auf sich wirken zu lassen und selbst die Liebe Gottes zu spüren.

*Barbara B., 45 Jahre*

Schon als Kind »verstand ich die Welt nicht mehr«, als meine Freundinnen zum Religionsunterricht gingen und ich nicht mitgehen durfte. Meine Eltern (Vater evangelisch, Mutter katholisch) verstanden mein Interesse nicht, erklärten mir, dass Nichtgetaufte daran nicht teilnehmen dürfen. Zum Gottesdienst aber durfte ich mitgehen. Ich verstand zwar nicht, wovon die Rede war, aber dennoch beeindruckte mich die Situation jedesmal aufs Neue. Schon das Betreten einer Kirche war und ist etwas Großartiges für mich. Das Gefühl der »machtvollen Geborgenheit« hat mich nicht mehr losgelassen. Erst 20 Jahre später (ich hatte alles erreicht, was ich wollte: einen guten Job, glücklich verheiratet, ein Haus gebaut) beschäftigte mich die Frage nach dem Sinn des Lebens.

**»Ich hatte ›Null Ahnung‹ von geistlichen Themen.«**

Den Anstoß zur Antwort gab mir die Geburt unseres Kindes. Eine Freundin und meine Mutter machten mir Mut, und ich vereinbarte einen Termin im Pfarramt, mit dem Ziel, unsere Tochter taufen zu lassen. Im Gespräch mit Pfarrer W. wurde mir klar, dass noch mehr dazu gehört, als nur mal eben einen Tauftermin festzulegen. Es sollten wöchentlich Gespräche stattfinden, um mich auf meine Taufe vorzubereiten. Ich hatte wirklich Angst davor, bei »Null Ahnung« von geistlichen Themen. Auf was hatte ich mich da eingelassen? Jetzt bin ich Pfarrer W. sehr dankbar für seine Hilfe. Ich lernte viele liebe Menschen kennen, die mir zeigten, wie sie ihren Glauben leben und verwirklichen. Ich gewann Vertrauen. Eigentlich war es so einfach, ich klopfte an eine Tür und wurde herzlich aufgenommen. In der Osternacht 2003 erfüllte sich mein Traum; meine Taufe werde ich nie vergessen. Inzwischen bin ich Gemeindemitglied und versuche im Chor, mein Bestes zu geben. Ich bin unendlich dankbar, dass ich den Weg zum Glauben erkannte und möchte keinen Schritt mehr zurückgehen. Ich bitte für alle Menschen, welche diesen Weg nicht erkennen können, ein offenes Auge oder Ohr dafür zu haben.

*Susanne W., 32 Jahre*

Ich möchte vorweg nehmen, dass ich kein Problem habe, namentlich genannt zu werden. Ich denke, ich brauche mich mit meinem Glauben nicht zu verstecken, wenngleich ich immer mehr das Gefühl habe, dass die katholische Kirche allmählich zu einer gesellschaftlichen Randgruppe verkommt. Umso wichtiger finde ich es, Gesicht zu zeigen und Farbe zu bekennen. Ich entstamme einer Familie, die evangelische Wurzeln besitzt. Diese Wurzeln verkümmerten jedoch, als die Verdrängung der Kirche aus dem gesellschaftlichen Bereich in der DDR zunehmend forciert wurde. Soweit zu meiner Vorgeschichte.

Meinen ersten Zugang zur Kirche bekam ich, als ich im Alter von 14 Jahren dem Chor des Domgymnasiums zu M. beitrat. Dieser Chor pflegte die Tradition, die Christmette im Dom zu M. festlich zu gestalten. Zu diesem Zeitpunkt wurde ich zum ersten Mal mit christlicher Symbolik und christlichen Bräuchen konfrontiert. Einen weitern Anstoß bekam ich, als ich im Jahre 1999 der Deutschen Pfadfinderschaft St. Georg in M. beitragt. Der DPSG-Stamm Sankt N. ist für mich inzwischen zu einer zweiten Heimat geworden. Mit meinem Heimatstamm besuchte ich das erste Mal einen katholischen Gottesdienst und merkt sofort, dass es Unterschiede zwischen evangelisch und katholisch gibt. Dies war mir vorher nie bewusst gewesen. Mit der Zeit erhöhte sich meine »Gottesdienstbesuchsrate«. Dies lag an zwei glücklichen Umständen. Zum einen führte mich meine Leidenschaft zur Musik zum Kirchenchor Sankt N. und zum anderen häuften sich meine Kontakte zur Gemeinde, bis ich von der katholischen Jugend eingeladen wurde, doch mal vorbeizuschauen. Um nicht Hals über Kopf in etwas hineinzugeraten, dass mir wohlmöglich später über den Kopf gewachsen wäre, ließ ich mir Zeit, um alles genau kennen zu lernen. Schließlich habe ich dann auch regelmäßig an den Jugendstunden teilgenommen. So konnte ich mir mit der Zeit einen neuen Freundeskreis aufbauen. Nun hatte ich das Problem zwischen zwei unterschiedlichen Freundeskreisen hin- und hergerissen zu sein. Einige meiner alten Freunde wandten sich ab, konnten sie es doch nicht verstehen, wie ich einfach so zur Kirche gelangen konnte. »Und dann auch noch katholisch!«, oder so ähnlich bekam ich sehr oft zu hören. Daraus ergab sich aber eine sehr enge Verbindung zu den Worten Jesu: »Wer mein Jünger sein will, der verleugne sich selbst, nehme sein Kreuz auf sich und folge mir nach« (Mt 16,24). Getreu diesem »Motto« verfolgte ich allen Widerständen zum Trotz meinen neuen Lebensweg. Vieles galt es kennen zu lernen, denn vieles war mir gänzlich unbekannt.

**»Allen Widerständen zum Trotz verfolgte ich meinen neuen Lebensweg.«**

Als mein Entschluss, mich taufen zu lassen, letztendlich feststand, ging ich zu unserem Pfarrer und erkundigte mich, was ich denn zu tun hätte, um auch endlich »dazuzugehören«. Dieser Wunsch »dazuzugehören«, wurde mit der Zeit immer stärker, wenngleich mit der Gemeinde nicht immer alles glatt gelaufen ist. Viele Anekdoten von meiner Zeit als Neuling könnte ich berichten. Allesamt sind sie auf Missverständnisse und Unwissen auf beiden

Seiten zurückzuführen. Auch neue Rufnamen, wie z. B. »Heidi« oder »Heidschnucke« standen im Raum und zeigten mir immer wieder, dass ich noch nicht »dazugehöre«. Ich ging jedoch unbeirrt meinen Weg bis zum 11. April 2004, dem Tag meiner Taufe. Sie war der Höhepunkt in meinem Leben, den ich unter keinen Umständen missen möchte. Ich bin froh, glücklich und dankbar, dass ich diesen Schritt gehen durfte.

*Stefan W., 19 Jahre*

## MEINE EMPFEHLUNG: VERSUCH ES!

Wie bekam ich Kontakt mit der Katholischen Kirche? Ich habe einen Mann geheiratet, der katholisch ist. Durch meine Schwiegermutter habe ich sehr viel über den Glauben erfahren, sie war mehr als stark im Glauben. Wir hatten sehr viele Gespräche. Das Leben ist mit mir nicht gut verfahren. Immer wieder bin ich in Situationen gekommen, die sehr schlimm waren. Immer habe ich Menschen im Leben angetroffen, die mir von Gott erzählten. Auch eine Bibel bekam ich geschenkt. Und ich fing an, in der Bibel zu lesen. Heute kann ich sagen, wenn ich zurückschaue, dass ich viele Gebetserhörungen gehabt habe. 1971 hatte ich meine erste Herzoperation, die sehr schlimm für mich war. 1998 hatte ich meine zweite Herzoperation. Ich bekam eine neue Herzklappe. Zu dieser Zeit war ich schon sehr fest im Glauben. In Gedanken habe ich immer mit Gott gesprochen. Ich habe ein Wunder an Heilung im medizinischen Bereich erlebt. Man denkt dann auch viel nach. Mein großer Wunsch war, mich mit meinem Mann kirchlich trauen zu lassen. Wir sprachen mit dem Herrn Pfarrer E., und er half uns, das zu verwirklichen. Nun brauchte ich eine Taufbescheinigung. Nach so vielen Jahren erfuhr ich von meiner Mutter, das ich überhaupt nicht getauft war. Das war für mich die beste Gelegenheit, den Glauben meines Mannes anzunehmen. Ich nahm Unterricht und erfuhr ein Jahr lang eine Betreuung vom Familienkreis, der heute noch besteht. Das alles veränderte mein ganzes Leben. Nun bin ich katholisch getauft und auch kirchlich getraut. Mein Leben habe ich in Gottes Hand gelegt und bin sehr froh darüber. Wir haben immer noch viel Kummer in der Familie, aber Gott hilft mir jeden Tag, das alles zu verkraften. Ohne Gebet fängt bei uns kein Tag an, und der Tag endet immer mit einem Dankgebet. Mein Mann ist mir ein guter Begleiter im Glauben geworden. Ich kann jedem nur empfehlen, es zu versuchen. Es ist wunderschön, mit dem Partner über Gott reden zu können. Ich genieße es auch, mit anderen Menschen darüber zu reden. Ich genieße das Gefühl dazuzugehören. Wir gehen einen gemeinsamen Weg, den Weg mit Gott.

**»In Gedanken habe ich immer mit Gott gesprochen.«**

*Marlena D., 67 Jahre*

Mein Weg zum Glauben – Wenn ich so im Nachhinein über meinen ganz persönlichen Weg zum Glauben nachdenke, klingt alles sehr einfach, als hätte ich eben nur einen Schritt nach dem anderen gemacht und die Taufe wäre von vornherein mein »Ziel« gewesen. Doch so war es ganz gewiss nicht. Manchmal kann ich selbst heute, sieben Monate nach meiner Taufe, kaum glauben, dass ich nun Katholikin bin. Da ich aus einer atheistischen Familie komme, spielten Kirche und Glauben in meinem Leben nie eine Rolle. Mit zehn Jahren habe ich dann auf Anregung meiner damaligen Grundschullehrerin am Heiligabend zum ersten Mal einen Gottesdienst besucht. Von dieser mir bis dahin unbekannten Art, Weihnachten zu feiern, und dabei in diesem Fest noch einen viel tieferen Sinn zu sehen, war ich von Beginn an begeistert. So gehörten für mich seitdem Weihnachten und Gottesdienst untrennbar zusammen.

Bei diesem seltenen Kontakt zur Kirche blieb es dann aber auch, bis ich nach der Grundschule auf das N.-gymnasium wechselte, eine Schule in katholischer Trägerschaft. Der Grund für die Wahl dieser Schule war aber weniger die kirchliche Trägerschaft, als vielmehr der positive Eindruck, den wir an einem eher zufällig besuchten »Tag der offenen Tür« von der Schule bekamen. An dieser Schule lernte ich viele Dinge kennen, die mir bis dahin nicht begegnet waren und mit denen ich mich vorher nie wirklich auseinandergesetzt hatte. Schuljahres-Eröffnungsgottesdienste, Adventsgottesdienste, neue, getaufte Freunde oder auch einige Themen des Ethikunterrichts wie der Sinn des Lebens, Weltreligionen und natürlich auch das Christentum regten mich zum Nachdenken an. Anfangs noch etwas fremd, lernte ich diese »neue Welt« im Schulalltag nach und nach kennen und fühlte mich darin auch immer wohler. Gleichzeitig wurde mir bewusst, wie sehr mir dieser langsam in mir wachsende Glaube half, vor allem in schwierigen Situationen wie dem plötzlichen Tod meiner Oma damals. Doch eine mögliche Taufe war zu diesem Zeitpunkt noch weit entfernt, da ich nicht wusste, an wen ich mich mit meinem Anliegen wenden konnte und ob es so genannte »Erwachsenentaufen« überhaupt gibt. So vergingen einige Jahre, in denen mein Glaube und der Wunsch zur Taufe zwar wuchsen, ich aber einfach keine Möglichkeit zur Verwirklichung sah. Erst in der Oberstufe wurden meine Pläne zur Taufe dank intensiver Gespräche in meinem neuen Freundeskreis sowie der gemeinsamen Reise nach Taizé konkreter. Taizé ist ein kleiner Ort in Frankreich, wo Jugendliche aller Konfessionen und aus aller Welt zusammenkommen, um auf einzigartige Weise gemeinsam und ökumenisch ihren Glauben zu leben. Über Freunde kam ich zu einem Religionslehrer unseres Gymnasiums, der auch katholischer Pfarrer ist. Er half mir schließlich, meinen langgehegten Wunsch Wirklichkeit werden zu lassen. Und auch wenn fast niemand in meiner Familie meinen Entschluss zur Taufe nachvollziehen kann, bin ich mir sicher, das für mich Richtige getan zu haben. Die feierliche Zeremonie der Taufe war

**»Manchmal kann ich selbst heute kaum glauben, dass ich nun Katholikin bin.«**

ein unvergessliches Erlebnis. Mit neuer Stärke gehe ich seitdem durchs Leben, denn ich weiß, dass ich nicht mehr allein bin und auf Gott vertrauen kann.
Seit Oktober studiere ich nun sogar katholische Theologie für das Lehramt an Gymnasien. Für mich ist das eine Möglichkeit, mich mit dem Glauben noch intensiver auseinanderzusetzen und später nachfolgenden Generationen zu zeigen, welch große Hilfe er in der Auseinandersetzung mit sich selbst und seinem Leben sein kann. Dass ich zum Glauben gefunden habe, empfinde ich noch immer als großes Wunder, für das ich Tag für Tag unheimlich dankbar bin. Aus eigener Erfahrung weiß ich, wie schwer und unüberwindlich der Schritt zu sein scheint, sich mit seinen Überlegungen zu einer möglichen Taufe jemandem zu öffnen. Doch ich möchte jedem, der sich gerade an dieser Station seines Weges zum Glauben befindet, Mut machen weiterzugehen. Es lohnt sich!

*Kathrin W., 20 Jahre*

## ICH GEHÖRE DAZU

Ich bin in einem nichtchristlichen Elternhaus aufgewachsen, auch christliche Erfahrungen hatte ich keine. Als ich meinen Mann kennen lernte, stand für mich fest, dass wir kirchlich heiraten, da er katholisch ist. Aber regelmäßig in die Kirche gehen wollte ich nicht. Jedes Jahr am Heiligabend wurde vor dem Essen das »Vater unser« gebetet. Ich habe es mitgebetet, weil es alle taten. Der Gedanke, in die Kirche zu gehen, kam auch da nicht. Als unser Sohn geboren wurde, war klar, er wird getauft. Sein Vater war katholisch; die Tante, die Oma, der Opa waren evangelisch, also sollte auch T. die Möglichkeit erhalten, den Weg in die Kirche zu finden. Auch T.s Taufe war für mich kein Grund, in die Kirche zu gehen. Als T. 4 oder 5 Jahr alt war, sagte meine Schwiegermutter, dass wir mit T. langsam in die Kirche gehen müssten, wenn er einmal zur Kommunion gehen soll. Wir fingen an, mit ihm in den Gottesdienst zu gehen. Alles war so neu, so anders. Ich dachte oft, mein Gott, ist denn die Messe noch nicht zu Ende. Langweilig fand ich die Predigt. Zur Ruhe ist man auch nicht gekommen, aufstehen, hinsetzen, aufstehen, hinknien. Man wusste gar nicht, was im nächsten Moment geschah. Wir fingen dann an, immer regelmäßiger zur Messe zu gehen. Die vielen neuen Dinge waren nicht mehr so neu. Wenn ich etwas nicht verstanden habe, fragte ich meine Schwiegermutter. Auf viele Fragen hatte sie auch eine Antwort. Ich fing langsam, sehr langsam an, mich für die Dinge in der Kirche zu interessieren.

T. ging dann zum Religionsunterricht und wurde auf seine Kommunion vorbereitet. Ich habe immer versucht, ihn zu begleiten. Wir gingen gemeinsam zum Kinderkreuzweg, ich begleitete ihn zum Sternsingen. Über T. kam ich dann der Kirche näher. Meine Fragen hörten nicht auf. Ich stellte immer wieder Fragen. Frau und Herrn G. waren gute Lehrer für mich. Warum tragen der Pfarrer und der Diakon immer andersfarbige Kleider? Warum darf ein Diakon keine Eucharistie machen? Warum darf ein Diakon eine Ehe schließen, ein Kind taufen, aber nicht die Firmung erteilen? Es gab so viele Fragen und auch genauso viele Antworten. Durch meine Fragerei fingen auch Frau und Herr G. an, sich für mich zu interessieren. Frau G. fragte mich, ob ich nicht Lust hätte, ihr beim Krippenspiel zu helfen. Es machte mir sehr viel Spaß. Mein Interesse an der Kirche wuchs von Mal zu Mal, aber gleich in die Kirche eintreten wollte ich immer noch nicht.

Im letzten Jahr lag T. im Krankenhaus. Herr G. besuchte ihn. Wir waren auch da. Er fragte mich das erste Mal, ob ich mich nicht taufen lassen möchte. Er sieht mein Interesse an der Kirche, ich gehe regelmäßig zum Gottesdienst, ich helfe beim Krippenspiel und stelle immer so viele Fragen. Mich hat diese Frage erstaunt, aber ich konnte nicht gleich zusagen. Es war die Zeit, als in der Presse stand, das die Kirche gegen einen Schwangerschaftsabbruch sei und damit konnte ich mich überhaupt nicht identifizieren. Ich selber habe solch ein Ereignis in jungen Jahren gehabt und bin heute sehr dankbar dafür, dass ich diese Möglichkeit hatte. Für mich gab es die Frage der Taufe zu diesem Zeitpunkt überhaupt nicht. Herr G. meinte, er wolle sich mal mit mir in Ruhe unterhalten, ohne mich überreden zu wollen, vielleicht ändere ich ja meine Ansichten doch. Das Gespräch war wundervoll. Die Ansichten der Kirche waren gar nicht so weltfremd wie ich immer dachte, und so fingen wir an, uns regelmäßig zu treffen. Ich habe sehr viel über die Kirche gelernt. Heute kann ich sagen, warum es so viele verschiedene Farben bei den Kleidern des Pfarrers und des Diakons gibt ...

Nach einer Weile stand für mich fest, ich lasse mich taufen. Ich möchte endlich dazugehören. Herr G. meldete mich beim Bischof zur Taufe an. Der Bischof lud alle erwachsenen Taufbewerber des Bistums Magdeburg zum Gottesdienst ein. Ich war mächtig stolz, aber auch sehr aufgeregt. Es war für mich etwas Besonderes, vom Bischof persönlich eingeladen zu werden. Der Gottesdienst fand im Roncalli-Haus in Magdeburg statt. Es waren so viele Leute, junge und auch etwas ältere. Alle Taufbewerber kamen mit ihren Paten und Pfarrern, außer ich. Ich hatte den Mann an meiner Seite, der mir diesen Augenblick ermöglicht hatte. Es war unser Diakon. Meine Schwiegermutter habe ich gefragt, ob sie mein Taufpate sein möchte, schließlich war sie es, die mir den Weg in die Kirche gezeigt hat. Sie war von meiner Frage und meinem Vertrauen, das ich ihr entgegenbrachte, sehr angetan und hat sofort »ja« gesagt. Sie, meine Mutti, mein Sohn und Herr G. begleiteten mich nach Magdeburg. Es war ein sehr aufregender Tag für mich. Der Bischof begrüßte alle Gäste mit den Worten: »Kann es sein, dass Gott auf krummen Zeilen gerade schreibt?« Zuerst dachte ich: Was soll denn diese Frage. Aber mit der Zeit habe ich sie begriffen. Jeder Pfarrer und Diakon stellte seinen

**»Ich fing langsam an, mich für die Dinge in der Kirche zu interessieren.«**

Taufbewerber und Paten vor. Danach war es dann soweit, alle Taufbewerber sollten beschreiben, auf welchem Weg sie die Taufe empfangen möchte, und wie sie den Weg zur Kirche gefunden haben. Als dann einige anfingen, von »ihrem Weg« zu berichten, begriff ich langsam die Frage des Bischofs. Er wollte nur wissen »warum« und »wie« wir zum Glauben an Gott gekommen sind. Einige sprachen über den Verlust wichtiger Menschen in ihrem Leben. Andere wiederum kamen über den Kirchenchor zur Kirche. Wieder andere hatten lieben Menschen an ihrer Seite, so wie ich, die ihnen den Weg in die Kirche zeigten. Es waren so viele schöne, aber auch tragische Geschichten. Der Bischof war betroffen, wie wohl alle Anwesenden, von den ergreifenden Zeugnissen der erwachsenen Taufbewerber, betroffen über deren Weg zum christlichen Glauben und in den Lebensraum der katholischen Kirche hinein. Dann kam ein sehr aufregender und stolzer Moment auf mich zu. Der Bischof legte jedem Taufbewerber die Hand auf und gab somit jedem den Segen. Jeder erhielt aus den Händen des Bischofs eine Bibel. Ein wahrhaft »göttliches Geschenk« zumindest für mich. Die Freuden über das, was uns zuteil wurde und was nun den Schritt zur Taufe möglich macht, war allen anzumerken.

Es war für mich ein sehr, sehr langer Weg. Ich hatte viele liebe Menschen um mich, die mir geholfen, aber mich nicht bedrängt oder gezwungen haben, diesen Weg zu gehen. Ich bin sehr stolz darauf, dass ich es aus eigener Überzeugung und eigenem Willen geschafft habe. Ich freue mich sehr auf die Osternacht, auf meine Taufe und auf alles was damit verbunden ist. Ich werde dann dazugehören.

*Peggy M., 34 Jahre*

Wie bekam ich Kontakt mit der kath. Kirche?
Den Kontakt habe ich gesucht, da ich Antworten und nach einem Weg suchte, auszuleben und zu verstehen, was in mir gewachsen (aus heutiger Sicht, mir geschenkt ist) war.
Bei meinen Versuchen zu lernen, zu verstehen/erfahren, was mir da immer weniger Ruhe ließ, kam ich einfach zu dem »vorläufigen Ergebnis«, dass ich getauft sein wollte und ich diesen Weg nur mit der katholischen Kirche gehen konnte. Also suchte ich im Internet nach einer katholischen Kirche in meiner Nähe, die mich zu gleich, wie soll ich es ausdrücken, optisch sofort »anrührte« und sendete eine E-Mail mit Bitte um Rat. Ich wurde zu einem Gespräch eingeladen und nach einem (meinem ersten) Gebet in dieser Kirche wusste ich, dass ich diesen Weg weitergehen musste.

Wie kam ich zum Glauben?
Diese Frage stelle ich mir rückblickend auch immer wieder, denn ich glaube, dass ich erst beginne, in Ansätzen zu verstehen, was Glaube heißt und und auch von mir »erwartet«. Bevor ich den ersten Kontakt suchte, war die Antwort, dass ich es nicht genau wusste, dass ich nur wusste, immer fühlte, dass Gott entgegen allem, was mein Umfeld vertrat, eben mehr ist als das Märchen vom alten Mann mit Bart, der in den Wolken sitzt und dessen größtes Zauberstück halt ist, nicht runterzufallen. Also habe ich in den letzten Jahren meinen Lebensweg/mich immer mehr beobachtet, und entdecken dürfen, was mir widerfuhr, mit mir geschah: Gegebenheiten, persönliche Wandlungen, die ich einfach nicht mir oder meinem Leben zuordnen konnte, die ich teils noch heute als unverdient empfinde. Zunächst war ich nur dankbar, aber immer mit dem »beinahe Schuldbewusstsein«, dass das nicht reichen kann. Mir wurde immer klarer, dass ich auf Gott zugehen musste. Wie viel mehr wir unter Gott, seinem Sohn und ihrer Liebe verstehen, lerne ich seitdem; wie ich glaube, muss das so bleiben, da es nicht zu verstehen ist.

**»Nach meinem ersten Gebet wusste ich, dass ich diesen Weg weitergehen musste.«**

Was sprach mich besonders an?
Die Fülle dessen, was Jesus in sich birgt, wie ich immer wieder neu aus der Bibel erfahren kann. Mir ist heute klar – und unklar, warum vielen nicht – dass uns in den vergleichsweise wenigen Worten der Evangelien ein ultimativer Heilsweg geschenkt ist, und es mich bereits sehr erfüllt – auch glücklich machen kann –, zumindest zu versuchen, auf diesem Weg zu gehen. Bis vor wenigen Monaten wusste ich noch nicht allzu viel von der oder über die Bibel, aber mich hat noch nie etwas so ergriffen wie das Wirken Jesu und die – aus meiner Sicht – Essenz seines Wesens, die Bergpredigt bei Matthäus 5–7. In jeder Nachrichtensendung

werde ich teils traurig über Dinge/Taten usw. von uns Menschen, deren Überwindung uns in wenigen Sätzen bereits geschenkt ist.

Warum Taufe, warum Kirche?
Ich war lange Zeit, wie sich vielleicht schon dargestellt hat, ein heimlicher Gläubiger, weil es mir meinem Umfeld gegenüber peinlich war. Damit wollte ich nicht leben. Ich »wusste« um Gott, war dankbar und sehnsüchtig. Das wollte ich zeigen/teilen, ich wollte mich zu Gott bekennen, am liebsten mit wehenden Fahnen. Ich bin auch ein wenig stolz darauf.

Warum Kirche?
Es ist wichtig, sich als Christen zusammenzufinden und auszudrücken, zu zeigen, dass die Menschen zusammengehören, aber auch zu Gott. Ebenso darf es aber auch nicht sein, dass dies zu »eingetragenen Vereinen« mit persönlichen Satzungen entartet. Das ist es auch, aus meiner Sicht, was Jesu mit der Gründung seiner Kirche sichern wollte. Vor allem ist uns mit Kirche etwas geschenkt: Die Aufnahme in den Leib Christi, ist für mich wesentlich mehr, als meinen Glauben mit wehenden Fahnen zu bekennen.
P.S. Anonymität ist genau das, was ich abgelegt habe.

*Mario K., 35 Jahre*

## HILFE IM GLAUBEN

Meine Eltern wurden schon als Kinder getauft. Meine Mutter ist in einer evangelischen Familie aufgewachsen und mein Vater in einer katholischen. Meine Mutter war sehr gläubig und sie hat uns Kinder auch zum Glauben ermutigt. Meine Schwester ließ sich taufen, mit 30 Jahren. Dann habe ich mich dazu entschlossen. Ich und meine Mutter haben eine Ordensschwester A. kennengelernt. Sie ist oft zu uns gekommen und wir haben viel mit ihr über Glauben und Gott und Religion gesprochen. Auch haben wir uns viel mit der Bibel beschäftigt. Sie hat uns vieles erklärt. Der Vikar K. hat mir auch viel beigebracht. Schwester A. ist inzwischen meine beste Freundin geworden und sie ist auch die Patentante von mir und meinen Kindern.

**»Jesus gibt uns Halt und hilft uns, zu Gott zu kommen.«**

Als ich schwanger war mit meinem zweiten Sohn, habe ich mir oft die Frage gestellt: »Was ist Gott?« und »Wer sind wir?« Meine Mutter ist unheilbar krank geworden. Meine Schwester hat Brustkrebs bekommen. Es war schwer, und ich habe die Hilfe im Glauben gesucht. Meine Schwester ist dann gestorben, meine Mutter war ans Bett gefesselt. Und meine Mutter sagte, dass sie es ohne den Glauben und das Gebet nicht schaffen würde. Mein Glauben ist noch nicht so stark, aber ich möchte mehr Glauben. Ich ließ mich und meine Kinder taufen, damit wir auch Kinder Gottes sind. Als ich zum Religionsunterricht ging, habe ich viele Leute kennen gelernt und einen anderen Sinn des Lebens erkannt. Ich bin sehr dankbar. Ich bin sehr dankbar meiner Mutter und Schwester A., dass sie mich mit ihrem Glauben angesteckt haben. Das Glauben hilft in schweren wie in guten Zeiten. Deswegen empfehle ich den anderen Leuten, zur Kirche zu gehen und sich taufen zu lassen. Jesus gibt uns Halt und hilft uns, zu Gott zu kommen. Jeder soll wissen, dass alles vergehen wird, aber die Worte Gottes nicht. Sie fragen mich, warum ich mich zur katholische Kirche entschlossen habe. Katholische und evangelische Religion waren mir von den Eltern bekannt, ich fand wenig Unterschied zwischen den beiden Religionen. Und weil mein Bruder als Kind katholisch getauft wurde, war meine Mutter der Ansicht, dass wir Kinder die gleiche Religion haben sollen. Als meine Mutter noch im Rollstuhl sitzen konnte, habe ich sie immer zur katholische Kirche mitgenommen. Die Leute sollen lieber zu den traditionellen Kirchen gehen. Das ist meine Meinung.

*Svetlana W., 29 Jahre*

## MEINE GLAUBENSGESCHICHTE

Meine Oma und meine Mutti sind Christen der katholischen Kirche. Als Kind nahmen sie mich immer zu den Hochämtern mit. Im Laufe der Jahre wuchs mein Interesse mehr und mehr. Ich wollte alles über die Kirche und ihre Glaubenslehre erfahren. Darum bin ich regelmäßig zu Messen und Andachten gegangen und dabei kam ich ins Gespräch mit unserem Pfarrer.

**»Ich wollte alles über die Kirche und ihre Glaubenslehre erfahren.«**

Besonderst haben mich die heiligen Schriften sehr angesprochen und mich nachdenklich gemacht und natürlich mein Interesse geweckt. Ich habe mich taufen lassen, weil ich meinen Lebensweg mit Gott und Christus weiter beschreiten möchte. Anderen möchte ich empfehlen, sich intensiv mit der Kirche und ihrer Glaubenslehre zu beschäftigen. Dabei sollten sie Gespräche mit anderen Gläubigen aufsuchen und sich austauschen. Ich hoffe, dass meine Glaubensgeschichte anderen Menschen helfen wird auf ihrem Weg zum Glauben.

*Tobias S., 16 Jahre*

## ICH SAGTE: JA.

8. November 2004. Ein Teil meines Weges ... Ich habe mich mit 21 Jahren taufen lassen. Dass ich die ersten Schritte in diese Richtung schon in meiner Kindheit gemacht habe, erkenne ich erst nach und nach. Meine Eltern sind nicht christlich aufgewachsen und auch von meinen Großeltern konnte ich nichts über ihren Glauben erfahren. In meiner ganzen Familie scheint Gott keine große Rolle zu spielen. Trotzdem lasen mir meine Eltern manchmal aus meiner Kinderbibel vor. Ich besuchte den Religionsunterricht der Grundschule und ging ab und zu mit evangelischen Freunden zur Christenlehre. Einmal spielte ich sogar Heiligabend in einem Krippenspiel mit – als siebter Engel. Von gelebtem Glauben hab ich in dieser Zeit allerdings noch nicht viel erfahren. Später auf dem Gymnasium schloss ich neue Freundschaften; mein Blickwinkel erweiterte sich. Meine erste christliche Jugendfreizeit war die Gospel-Tour 1999 (ConTakt). Zum ersten Mal konnte ich spüren, wie sich christliche Gemeinschaft anfühlt – ganz neue Luft schnuppern. Es war ein tolles Erlebnis. Bald darauf nahmen mich meine katholischen Freunde aus der Schule mit zu Dekanatsjugendtreffen. Plötzlich waren meine Wochenenden angefüllt mit tollen Erlebnissen. Leben in Einfachheit – Schlafsack und Isomatte, Spaghetti mit Tomatensoße, Anstehen an der einen Toilette im Pfarrhaus ... – dazu kamen

viele neue Freundschaften, gute Gespräche und viel Spaß. Diese Gemeinschaft blieb nicht lange auf Wochenenden beschränkt. Ich wurde eingeladen, in der »S.-Band« Klavier zu spielen. Regelmäßige Proben festigten Freundschaften, Auftritte brachten mich dazu, öfter Gottesdienste zu besuchen. Bald ging ich jeden Sonntag, wollte gar nicht mehr ohne. Wir spielten auf der Ministrantenwallfahrt – dort entdeckte ich die Huysburg für mich – auf Kinderwallfahrten und Deka's. Ich glaube, die Musik hat mir in dieser Zeit viel gegeben. Die Lieder wurden mir wichtig und in den Texten hatte ich viele Anstöße zum Nachdenken. Durch die Band lernte ich meinen Freund kennen, der mir viele tiefe Gespräche über Gott und das Leben im Glauben ermöglicht hat. Er hilft mir sehr dabei, den Glauben zu leben, in die Realität umzusetzen. Täglich nehmen wir uns Zeit für gemeinsame Gebete – das ist uns sehr wichtig geworden.

Besonders tiefe Erfahrungen von Gottes Nähe und Liebe durfte ich in Taizé machen. 2001 war ich zum ersten Mal dort und bin seitdem begeistert von dieser Art des Zusammenlebens. Gerade für junge Menschen auf der Suche ist es eine große Bereicherung, Tage in dieser Gemeinschaft und Gebete dieser Intensität zu erleben. Beten und Singen ist für mich seitdem die wichtigste Verbindung zu Gott. In der Fastenzeit 2002 war ich für eine Woche zu Jugendexerzitien auf der Huysburg. Vier Tage Schweigen in Gemeinschaft – das gibt Zeit und Kraft zum Reflektieren des eigenen Weges, Mut für Zukunftspläne. Ich begann darüber nachzudenken, mich taufen zu lassen. Diesen Gedanken behielt ich erstmal für mich, ließ ihn wachsen – bis zur nächsten Fastenzeit. Beim Besinnungswochenende in Rossbach wurde er wieder besonders stark. Ostern stand vor der Tür. Nach einem langen Gespräch mit Jugendpfarrer R. am Ende dieses Wochenendes fasste ich den Entschluss: Ja, ich will mich taufen lassen – JA sagen zu Gott.

Zurück in meiner Heimatgemeinde, sprach ich mit dem Pfarrer. Es gab leider keine weiteren Taufbewerber. Ich fragte einige meiner katholischen Freunde, ob sie mich auf diesem Weg begleiten würden. Zu meiner Freude war ich bei den Taufvorbereitungen nicht allein. Fünf meiner Freunde kamen mit zu den Gesprächen bei Pater K. Es wurde kein langweiliger Unterricht, sondern gute Gespräche über die Themen, von denen ich noch nicht viel wusste oder die mich besonders interessierten. Zwei Wochen vor Ostern fuhr ich noch mal zu Exerzitien auf die Huysburg, in der Osternacht war dann meine Taufe. Für lange Zeit war dieser Tag in meinen Vorstellungen ein Ziel. Jetzt erkenne ich, dass es nur ein erster Schritt war, viele weitere sind zu gehen und ich bin froh, dabei nicht allein zu sein. Danke!

**»Zum ersten Mal konnte ich spüren, wie sich christliche Gemeinschaft anfühlt.«**

*Claudia K., 22 Jahre*

Im Alter von 4 Jahren habe ich mir das erste Mal mit meiner lieben Omi in Sellin auf Rügen eine Kirche von innen und außen angesehen. Als wir die Kirche betraten, gingen wir in eine Bankreihe, und bevor wir uns hinsetzen wollten, hat meine liebe Omi ihre Hände gefaltet. Und als wir die Kirche wieder verließen, habe ich sie draußen gefragt: »Omi, was hast du eben in der Kirche gemacht mit deinen Händen?« Sie hat zu mir gesagt: »Ich habe für dich und deine lieben Eltern gebetet, dass sie gesund bleiben und ihnen kein Unglück geschieht.« Ich fragte auch: »Omi, mit wem hast du eben gesprochen?« »Mit dem lieben Gott im Himmel, der uns alle immer behütet.« Als ich abends ins Bett gehen sollte, musste Omi mich ins Bett bringen, und ich wollte auch beten lernen und mit dem lieben Gott sprechen. Meine liebe Omi brachte mir das folgende Gebet bei, das ich bis heute noch in lieber Erinnerung an meine liebe Omi habe. Es heißt: »Ich bin klein; mein Herz ist rein; es soll niemand drin wohnen als Jesus allein.« Bis ich dann in die Schule kam, habe ich immer abends dieses Gebet, bevor ich schlafen musste, gebetet.

In der Schule entschied ich mich für den Religionsunterricht, weil ich mehr über den lieben Gott erfahren wollte. Hatte ich Fragen, konnte ich meine Eltern und auch meine Tante fragen, die mir stets eine gute Antwort auf meine Fragen gaben. Als ich mit Freunden unterwegs war, fragten sie mich, ob ich nicht mal Lust hätte, mit ins Don-Bosco-Zentrum zu kommen. Ich sagte: »Klar, warum nicht.« Als ich den Club betrat, sah ich eine Ordensschwester und habe mich vorgestellt; danach stellte sie sich vor und sagte: »Ich heiße Schwester L.« Von dem Tag an war ich jeden Tag dort, und ich habe ihr auch gesagt, dass ich mich für die Kirche interessiere. Da hat sie gesagt, dass über dem Club eine Kirche sei, und dann fragte sie mich, ob ich mir mal einen Gottesdienst ansehen möchte, und ich sagte: »Ja gern, wann beginnt dieser denn?« Da sagte Schwester L.: »Sonntags 10.30 Uhr.« Gern erinnere ich mich an meine erste Begegnung mit Pfarrer W. Er ist ein Mensch, der mir sehr am Herzen liegt, und ich kann immer zu ihm kommen, wenn ich mal mit ihm über Probleme reden will. Er hat immer ein offenes Ohr und kann auch gut zuhören; er hat auch immer einen guten Rat parat. Ich ging dann immer am Sonntag zur Kirche, wo ich nach und nach von der Gemeinde gut aufgenommen wurde. Dann sagte ich mal zum Pfarrer: »Herr Pfarrer, ich möchte ein katholischer Christ werden, und möchte die Taufe gespendet bekommen.«

**»Ich wollte auch beten lernen und mit dem lieben Gott sprechen.«**

*Matthias B., 21 Jahre*

Ich stamme aus einer alten schlesischen katholischen Familie. Leider verstarben meine Eltern schon sehr früh (1985), und ich hatte nur noch meine Großmutter, die 1999 im Alter von 88 Jahren verstarb. Für mich brach eine Welt zusammen. Und ich hatte keinen Lebensmut mehr. Zur Messe für meine Großmutter besuchte ich nach langer Zeit unsere Kirche. Um über dieses schwere Schicksal hinwegzukommen, besuchte ich dann regelmäßig sonntags die Messe. In dieser schweren Zeit half mir besonders unser Pfarrer K. Durch ihn und mit der befreundeten Familie S. fand ich zum Glauben.

Ich spürte, wie viel Liebe und Wärme von unserer Kirche und Gemeinde ausgeht. Ich wurde so herzlich in unserer Gemeinde aufgenommen. Ich war nicht mehr allein. Gott war bei mir. Ich hatte wieder Freude am Leben. Somit beschloss ich, mich taufen zu lassen und den katholischen Glauben anzunehmen. Das war auch der letzte Wunsch meiner Großmutter. Sicher ist dies ein etwas ungewöhnlicher Weg, zu Gott und der katholischen Kirche zu finden. Ich möchte anderen auch empfehlen, diesen Weg zu gehen – für ein besseres Leben.

»Ich spürte, wie viel Liebe und Wärme von unserer Kirche und Gemeinde ausgeht.«

*Norbert G., 43 Jahre*

Nach meiner Geburt wurde ich von einem evangelischen Pfarrer getauft, kurz danach traten meine Eltern aus der Kirche aus. Alle Versuche, mehr über Kirche und Glauben zu erfahren, wurden von meiner Mutter streng unterbunden. Eine Bibel oder andere geistliche Bücher gab es in meinem Elternhaus nicht. Als ich 16 war, lieh mir mein Mathematiklehrer das Buch der Bücher für kurze Zeit aus. Meine Erfahrungen beim Lesen vertraute ich meinem Tagebuch an. Wenn ich heute diese Eintragungen lese, bin ich sehr überrascht. Die Bibel muss mich damals sehr beeindruckt haben. 1972 heiratete ich standesamtlich einen im katholischen Glauben erzogenen Mann. Wenn wir seine Eltern im Eichsfeld an Feiertagen besuchten, machte ich erste Erfahrungen mit den Riten und Bräuchen der katholischen Kirche. Es gefiel mir, ich las in Büchern über Heilige, und die Mystik in der katholischen Kirche sprach mich im Innersten an. Meine Erziehung verbot mir jedoch, mich wirklich ernsthaft mit der Kirche zu beschäftigen und mein Ehemann hatte nicht die Kraft, in seiner kleinen Familie seinen Glauben zu leben.

**»Meine Suche hat ein Ende gefunden; ich fühle mich im Vertrauen auf Gott angekommen.«**

Dann kam die Wende. Ich musste mich selbständig machen und mich wie viele andere dem Wettbewerb stellen. Immer wenn sich die Probleme wie eine Riesenwand auftürmten, stellte ich mir die Frage nach dem Sinn meines Lebens. In Motivationsseminaren, Lebensberatungen, Meditation und esoterischer Literatur suchte ich die Antwort zu finden. Ich glaubte an eine Kraft oder Energie, die uns beeinflusst, ich hatte nur keinen Namen dafür.

Dann kam das Jahr 2000. Wir verloren vier uns sehr nahe stehende Menschen, und ich machte sehr bewusst die Erfahrung weltlicher und kirchlicher Trauerfeiern. In den weltlichen konnte ich keinen Trost finden, und ich fasste erstmals den Entschluss, den Kontakt zu einer Kirche herzustellen.

Zwei Jahre später erzählte ich durch Zufall einer guten Freundin von den Geschehnissen des Jahres 2000, von meiner Suche, meinem Wunsch nach mehr Wissen. Diese Freundin ist Katholikin; sie erzählte es ihrem Ehemann und dieser machte für mich einen Termin bei Pater H. Ich bin zu dem vereinbarten Termin gegangen. Durch die wöchentlichen Gespräche mit Pater H. habe ich vieles über die katholische Kirche und den Glauben erfahren. Warum ich ausgerechnet der katholischen Kirche beigetreten bin? Nun mein Ehemann und unsere Freunde gehören ihr an, und es war die einzige, die ich bis dahin kennen gelernt hatte. Ich fühlte mich vom ersten Tag an wohl, warum also sollte ich nicht diesem guten Gefühl nachgeben.

Mein Leben hat sich durch meine Zugehörigkeit zur katholischen Kirche total verändert. Der Sonntag ist jetzt ein richtiger Sonntag. Ich gehe mit meinem Ehemann zum Gottesdienst; wir genießen beide die Entspannung und kommen nach einer arbeitsreichen Woche innerlich zur Ruhe. Die Lesungen und die Predigt geben uns oft Diskussionsstoff mit nach Hause.

In der Eucharistie erfahren wir die Nähe Jesu. Wir haben andere Menschen kennen gelernt, mit denen wir über den Glauben reden können, mit denen wir uns verbunden fühlen. Der Glaube hilft mir, nachsichtiger mit meinen Mitmenschen umzugehen. Ich bemühe mich bewusst, die Gebote der Kirche im täglichen Leben umzusetzen und empfinde das als große Lebenshilfe. Das Leben ist einfacher, klarer geworden. Ich setze andere Wertigkeiten und freue mich viel mehr über die kleinen Dinge in unserem Dasein. Vieles ist unwichtig geworden. Meine Suche hat ein Ende gefunden; ich fühle mich im Vertrauen auf Gott angekommen.
Er schenkt mir die notwendige Kraft zum täglichen Leben. Ich kann anderen Menschen nur empfehlen, sich zu öffnen, sich mit dem Glauben zu beschäftigen und alles, was dabei passiert, zuzulassen. Es lohnt sich. Das Leben wird reicher und sinnvoller. Gott gibt den Menschen in allerschwierigsten Situationen Halt, ich muss mich nie unwürdig und ungeliebt fühlen. Ich kann meine Freude mit ihm teilen; ich habe immer jemanden, der bei mir ist, ich bin bei ihm geborgen. Ein wunderbares Gefühl!

*Regine S., 52 Jahre*

## ES WAR EIN GUTER WEG FÜR MICH

Während meiner Kindheit hatte ich zunächst keine Beziehung zur Kirche. Der einzige Berührungspunkt, den ich rückblickend auf diese Zeit in Erinnerung habe, ist die Tatsache, dass ich nicht verstehen konnte, warum einige Mitschüler zur Christenlehre gehen durften und ich nicht. Die intensive Auseinandersetzung mit der katholischen Kirche und dem Glauben an Gott begann, als ich während des Studiums meinen Mann und seine Familie näher kennen lernte. Anfangs konnte ich gar nicht verstehen, wieso man in der heutigen, doch sehr aufgeklärten Welt noch in die Kirche geht oder an Gott glauben kann. Es folgten viele Abende intensiver Gespräche über eben diese Themen. Langsam begann ich die Gründe zu verstehen, zu verstehen, was die Gemeinschaft Kirche, das Kirchenleben und der Glauben für Menschen bedeuten kann.

Mein erster Gottesdienst in Begleitung meiner künftigen Schwiegereltern war ein bewegendes Erlebnis, welches mit verschiedenen Gefühlen verbunden war. Erst war das Gefühl der Unsicherheit dominierend: Wann muss man Aufstehen? Gehöre ich hier überhaupt hin? Was mache ich, wenn alle anderen beten und sich bekreuzigen? Aber gleichzeitig wurde das Gefühl von Ruhe und Geborgenheit immer stärker, und ich begann mich nicht nur inhaltlich mit der katholischen Kirche und dem damit verbundenen Glauben auseinanderzusetzen, sondern ließ auch meine Gefühle zu. Bin auch ich in der Lage zu glauben?

**»Anfangs konnte ich gar nicht verstehen, wieso man in der heutigen aufgeklärten Welt noch an Gott glauben kann.«**

Die Beantwortung dieser Frage mit JA und der damit verbundene Wunsch, mich taufen zu lassen, kam zu einem sehr unerwarteten Zeitpunkt, aber dafür um so deutlicher. Es war in dem Augenblick, als ich nach der schweren Geburt meinen Sohn zum ersten Mal im Arm hielt. In diesem Moment unendlichen Glücks wollte ich jemandem dafür danken und in genau diesem Augenblick wusste ich, wem ich danken kann und dass ich an Gott glauben kann. Heute, 5 Jahre nach meiner Taufe, kann ich sagen, dass es ein guter Weg war, den ich gewählt habe. Dass ich aus meinem Glauben sehr viel Kraft schöpfen kann für all die Dinge, die in dieser doch so aufgeklärten Welt zu bewältigen und zu verarbeiten sind.

*Anja G., 32 Jahre*

Geboren bin ich im November 1955 in Bad Lauchstädt, und weil meine Eltern nicht die Möglichkeit von kinderbetreuenden Einrichtungen hatten, wuchs ich bei meinen Großeltern auf. Meine Großeltern waren katholisch und großmütterlicherseits die gesamte Familie. So wuchs ich im Glauben der katholischen Kirche auf und meine Oma lehrte mich den Glauben und das Beten. Ich erinnere mich noch ganz genau an das erste Gebet, das ich von ihr lernte: »Ich bin klein, mein Herz ist rein, soll niemand drin wohnen als Jesus allein.« Heute weiß ich, dass dies der Keim in mir war. Dieses kleine Gebet hat mich in meiner Kindheit täglich begleitet. Meine Oma hätte alles darum gegeben, wenn man mich getauft hätte. Jedoch waren da meine Eltern nicht einverstanden. Mein Vater, einst auch katholisch getauft, war nach dem Krieg aus der Kirche ausgetreten und hatte sich dem Kommunismus verschrieben. Und da war es nicht vorgesehen, die Kinder zu taufen. Ich habe sehr unter dieser Situation gelitten und meine Großmutter sicher noch mehr. So sprach sie immer mal zu mir: »Ach, E., du tust mir so leid. Du bist ein Heide. Dich kann man schlachten wie das liebe Vieh!« Diese Aussage hat mich immer verfolgt, immer! Je älter ich wurde, desto häufiger kam dieser Satz in mein Gedächtnis, und somit suchte ich den Kontakt zur katholischen Kirche.

**»Ich fasste den Entschluss, meinem Glauben, den ich in all den Jahren für mich gelebt habe, die Offenheit zu geben.«**

1998 war ich in Rom in der Peterskirche und als ich in dieser Kirche verweilte, musste ich weinen, weil meine Oma mir wieder mit ihrem traurigen Spruch in den Sinn kam. So fasste ich für mich den Beschluss, meinem Leben eine Wende zu geben und meinem Glauben, den ich in all den Jahren für mich gelebt habe, die Offenheit zu geben. So habe ich mich 2000 taufen und firmen lassen, um zu sagen: »Seht her, ich glaube an Gott und seine Kirche.« Heute weiß ich, ich habe in einer behüteten gläubigen Kindheit gelebt und bis 2000 hat mich Gott getragen. Heute lebe ich mit diesem Glauben und bin meinen Enkelkindern eine ebenso gute Oma, wie ich sie hatte. Mein Glück ist vollkommen, denn meine beiden Enkelinnen sind getauft worden.

*Evelin B., 49 Jahre*

»Oft kam mir der Gedanke, jemand hält seine schützende Hand über mich.«

Meine Glaubensgeschichte: Am 5.2.1939 bin ich geboren und wurde evangelisch getauft. Mein Vater war NSDAP-Mitglied, zur DDR-Zeit waren meine Eltern SED-Mitglieder. Ich gehörte mit zu den Ersten, die in unserem Dorf die Jugendweihe erhielten. Ich hatte keine Beziehung zur Kirche. Fast 30 Jahre arbeitete ich als Forstarbeiter. Mit der Kettensäge hatte ich drei schwere Unfälle. Oft kam mir der Gedanke, jemand hält seine schützende Hand über mich, weil jedes Mal rechtzeitig Hilfe kam und ich voll genesen konnte. Im Juli 2000 zog meine Schwägerin (katholisch) von S. nach W. Diakon K. besuchte sie und lud sie zum Gottesdienst nach G. ein. Mit einem VW-Bus holte er die älteren Kirchgänger der Umgebung zur Heiligen Messe (auch meine Schwägerin und meine Frau). War der Diakon verhindert, so fuhr ich mit meinem Wagen die Frauen und kam des Öfteren zu einem kurzen freundlichen Gespräch mit Herrn K.

Vom 10. bis 15. September 2001 fuhren die O. und G. (Katholiken) mit Pfarrer B. und Diakon K. eine Woche nach T. Es überraschte mich, wie selbstverständlich ich als Nichtkatholik an der Fahrt teilnehmen durfte und wie freundlich ich in der Runde aufgenommen wurde. Das Singen und Beten im Bus war mir fremd, aber nicht unangenehm. Im Kloster T. übernachteten wir. Am Morgen war eine Eucharistiefeier in der Klosterkirche. Das war die erste Heilige Messe mit Orgelmusik. Der gewaltige, wunderschöne Bau, die Innenausstattung, die Worte und der Gesang der Geistlichen faszinierte mich sehr und bewegten mich tief. Am 11. September fuhren wir nach P.; wir besuchten u. a. einen Meditationsgarten am Rande der Stadt. Ein alter Leutnant erzählte, wie er als Atheist zum Glauben kam und sein Erbgrundstück als Meditationsgarten mit Kapelle und Kreuzgang ausgebaut hatte.

Sein Bericht: Der Vater war General, er war Leutnant bei der Armee. Er widersetzte sich oft den Regeln des Sozialismus und brachte seinen Unmut zum Ausdruck. Als politischer Gefangener kam er in Haft, traf viele Gleichgesinnte u. a. einen katholischen Pfarrer. Sie waren Folterungen und Demütigungen ausgesetzt; er meinte, kein Knochen an ihm sei ohne Schaden, und sie seien schlimmer als die Nazis gewesen. Der katholische Pfarrer hatte mit ihnen geredet und gebetet und sie ermutigt. Der Glaube und das tiefe Vertrauen zu Gott, die Ruhe und innere Stärke, die der von Folter gekennzeichnete Pfarrer ausstrahlte, bekehrte ihn zum Glauben und es wuchs in ihm der Wunsch getauft zu werden. Der Pfarrer ahnte, dass sein letzter Tag gekommen war, der Leutnant ließ sich noch taufen und wollte – wenn er diese Zeit überlebt – ganz im Dienste des Herrn leben. Nach der politischen Wende kam er frei und schuf den Meditationsgarten; dort empfängt er Reisegruppen, Jugendliche, alle Interessenten. Das Schicksal des Leutnants beeindruckte und beschäftigte mich sehr. Plötzlich wusste ich, ich möchte auch ein Katholik werden und richtig mit dazugehören. Am gleichen Abend suchte ich ein Gespräch mit Pfarrer B., ob es möglich ist und was ich tun müsste, wenn ich den Glauben annehme. Herr B. stimmte zu und verwies mich an Herrn K. Nach der

Reise besuchte ich regelmäßig mit meiner Frau in G. die Heilige Messe. Obwohl ich das Gespräch mit Diakon K. hinauszögerte, freute es mich, wenn man mich mit kleinen Dienstleistungen in der Kirche beauftragte. Beim Aufstellen des Weihnachtsbaumes vor dem Altar trug ich dem Diakon meine Bitte vor. Der Diakon erledigte die Formalitäten und besorgte die Broschüre »Ein Briefkurs über den Glauben«. Ab März 2001 konnten wir mit der Unterweisung beginnen. Wöchentlich kam der Diakon, führte und begleitete mich mit Hilfe des Lesestoffs in die Besonderheiten und tieferen Sinn des katholischen Glaubens. Das eigene Auseinandersetzen mit den Briefen und die Erläuterungen des Diakons bestärkten mich, dass mein Schritt richtig war.
Meine Gefühle änderten sich, als mein Glaube sich festigte. Innerlich wurde ich ruhiger, anderen Menschen begegnete ich respektvoller und empfand mehr Dankbarkeit. Am 19. Oktober 2001 bekam ich die erste heilige Kommunion und die heilige Firmung in der G.er Kirche, und am 22. November 2001 wurden meine Frau und ich kirchlich getraut (nach 41-jähriger Ehe).

*Walter S., 65 Jahre*

## DIE TAUFE WAR FÜR MICH WICHTIG

Im Sportverein DJK in unserer Gemeinde bin ich 1996 Mitglied geworden. Einige Zeit später habe ich dort die Aufgabe als Übungsleiter im Tischtennis übernommen. Die Kinder und Jugendlichen der Gemeinde hatten sehr viel Spaß und Freude daran, nach der Messdienerstunde etwas anderes zu tun. Eines Tages blieben die Kinder und Jugendlichen weg; da habe ich Stimmen in der Kirche gehört und bin in die Kirche gegangen. Dann nahm ich an einer Messdienerstunde teil, was mich sehr beeindruckt hat. Daraufhin bin ich öfter zur Messe gegangen, mit einer Familie der Gemeinde. Die Taufe war für mich wichtig, um den Glauben an Gott zu festigen und die Gemeinschaft mit der katholischen Kirche. Man sollte nicht nur zu Weihnachten und Ostern die heilige Messe besuchen, sondern auch mal öfter den heiligen Ort, die Kirche, suchen.

»Die Taufe war für mich wichtig, um den Glauben an Gott zu festigen.«

*Frank F., 45 Jahre*

Den Weg zum Glauben fand ich ganz von selbst. Als Kind besuchte ich oft meine Großeltern, die katholisch waren. Mich beeindruckte ihre Frömmigkeit und ihre Einstellung zum Leben. Sie vertrauten ganz auf Jesus Christus, gingen sonntags in die Kirche, beteten und konnten trotz schwerer Arbeit, trotz vieler Probleme und trotz sämtlicher Krankheiten viele Hürden aufgrund ihres Glaubens an Jesus überwinden und meistern. In ihrer Wohnung befanden sich ein Kruzifix an der Wand, Heiligenbilder und eine Gebetskerze. All dies hat mich fasziniert und neugierig gemacht. Ich begann, mich für Christus zu interessieren, denn ich erkannte, dass er ein Freund und Helfer der Menschen sein musste. Auch erzählte mir meine Mutter, deren Tochter, manchmal Geschichten über Jesus Christus. Damals begann ich, mir eine Bilderbibel anzuschauen. Dann las ich eine Kinderbibel und später eine katholische Schulbibel. Aus keinem anderen Buch konnte ich so viel Kraft schöpfen wie aus der Heiligen Schrift, der Bibel. Ich begann als kleiner Junge zu beten, versuchte Jesus Christus als meinen Freund zu gewinnen; ich wollte Gott schauen und ihm auch vertrauen können.

Von Anfang an merkte ich, dass er mir viel Sympathie und Gehör schenkte. Christus half mir in der Schule, in der Berufsausbildung und auf der Arbeit. Immer wenn ich ihn brauche, ist er für mich da. Sehr oft erhört er meine Gebete und hilft mir, wenn es mir nicht gut geht. Er gibt mir Hoffnung und Lebenskraft, immer wieder neue Herausforderungen zu meistern. Wie ich mit der katholischen Kirche in Kontakt kam: Wie schon gesagt, waren meine Großeltern katholisch. Auch beeindruckte mich sehr unser Heiliger Vater, der Papst. Ich bewundere diesen Mann, der so viel für die Welt im Namen Christi getan und geleistet hat. Doch am meisten mag ich die katholische Kirche, weil ich mich in ihr wohl und geborgen fühle. Ihre Liturgie, die Gesänge, Weihrauch, Blumen und Kerzen finde ich sehr schön, denn sie erleichtern uns, Gott zu schauen und ihm nahe zu sein. Auch ist das spirituelle Handeln von großer Bedeutung, denn es ist wie Balsam für Geist und Seele. Taufen lassen wollte ich mich schon als Kind. Doch war ich oft unsicher und ängstlich, diesen Schritt zu tun. Erst später erstarkte mein Wille, denn ich wollte wie Christus mein Leben ganz im Zeichen des Glaubens führen. Auch Jesus ließ sich taufen. Er, unser großes Vorbild, sagte, dass niemand zum Vater käme, außer durch ihn. Die Vorstellung und Gewißheit, dass nach einem gottgefälligen Leben ein Leben im Paradies möglich ist, gibt mir die Antwort über den Sinn des irdischen Lebens. Jesus Christus und unser Glaube an ihn sind ein unendlich großer und unbezahlbarer Schatz, an dem wir teilhaben dürfen. Ich möchte anderen gern empfehlen, dass sie auch einmal über den Sinn des Lebens nachdenken. Allerdings dürfen wir Christen von diesen Menschen nichts fordern oder gar aufdringlich wirken. Die Leute, die noch nicht zu Gott gefunden haben, müssen erkennen, dass wir nicht sie, sondern dass sie Gott brauchen. Wir, die Gläubigen, können daher ein Zeichen setzten. Durch unser christliches Leben und den damit verbundenen guten Eigenschaften können wir es schaffen,

**»Ich erkannte, dass Christus ein Freund und Helfer der Menschen sein musste.«**

dass diese Menschen in uns selbst Christus erkennen und den Weg zum Glauben finden. Unser Glaube an Christus, den Herrn, ist unsichtbar, aber wir spüren ihn mit unserem Herzen und mit unserem Verstand. Daher kann uns niemand diesen Glauben nehmen. Christus ist allmächtig und ewiglich. Amen!

*Matthias Sebastian M., 26 Jahre*

## MEIN JA ZUR KIRCHE

Seit ich denken kann, glaube ich an Gott und an Jesus Christus. Seit ich denken kann, bin ich evangelisch und habe nie ein Problem mit meiner Kirche gehabt. Und doch ..., seit gut anderthalb Jahren gehöre ich der katholischen Kirche an. Es ist nicht leicht zu erklären, was mich zu diesem Schritt bewegt hat, und es hat auch lange gedauert – mehrere Jahre –, bis ich mich entschlossen habe, ihn zu gehen. Meine Mutter ist evangelisch, mein Vater katholisch. Meine Mutter hat mit uns Kindern gebetet, sie hat mich gelehrt, wer Gott ist und wer Jesus Christus. Sie war es, die mich mit in die Kirche genommen hat, zunächst in den Kindergottesdienst, später dann zusammen mit den »Großen«. Mit der Konfirmation war ich im Glauben bestärkt und vollwertiges Mitglied der evangelischen Kirche. Wie bei vielen Jugendliche meiner Generation kam danach aber erst einmal eine Pause. Nicht im Glauben, aber in der Verbindung zur Kirche und zum sonntäglichen Gottesdienst. Nicht dass ich mich gegen Gott aufgelehnt oder von der Kirche abgewendet hätte. Vielmehr lag es an mangelnder Entschlossenheit, mich am Sonntagmorgen aufzumachen und zum Gottesdienst zu gehen, zumal da von meinen Freunden niemand zur Kirche ging und mich eingeladen hätte mitzukommen. Ich hätte sicherlich nicht nein gesagt. Erst einige Jahre später, im Alter von 17 oder 18 Jahren, habe ich den Weg in die Kirche wiedergefunden, und seitdem nicht wieder verloren. Es war immer noch meine alte evangelische Gemeinde, die ich von Kind an kannte.

Von nun an ging ich jeden Sonntag in den Gottesdienst, außerdem habe ich mich auch sonst in der Gemeinde engagiert, bei Festen, dem Obdachlosenfrühstück und in den Gemeindegremien. Nur eines vermisste ich: Wie in vielen evangelischen Gemeinden üblich, gab es nur einmal im Monat Abendmahl, obwohl das doch der zentrale Teil des Gottesdienstes sein sollte. Doch dem ließ sich leicht abhelfen. Fand in meiner evangelischen Gemeinde der Gottesdienst sonntags um 10 Uhr statt, gab es in der katholischen Kirche um 11.30 Uhr noch eine Messe. Genug Zeit also, um beide Gottesdienste besuchen zu können und in der katholischen Messe zur Kommunion zu gehen. Ich sah darin zunächst kein Problem, zumal ich stets geglaubt habe, dass Jesus Christus selbst in diesem heiligen Mahl anwesend ist und es sich nicht nur um eine Erinnerungsfeier handelt. Erst viel später ist mir bewusst

geworden, dass das nicht alle so einfach sahen wie ich damals. Auf den Gedanken, katholisch zu werden, bin ich damals gar nicht gekommen und das sollte auch noch lange so bleiben, auch zu Zeiten, da ich längst nicht mehr den Kontakt zu meiner Heimatgemeinde hatte, weil ich inzwischen zum Studium weggezogen war. Von nun an ging ich fast nur noch in den katholischen Gottesdienst. Trotzdem wollte ich mich nicht von meiner alten Kirche, in der ich groß geworden war, lossagen. Auch als ich schließlich begann, vorsichtig an einen Wechsel der Konfession zu denken, blieb da ein großes Problem: »Ja« zur katholischen Kirche zu sagen, bedeutete immer auch – wenigstes indirekt – ein »Nein« zur evangelischen Kirche. Diesen Bruch wollte ich einfach nicht vollziehen, vor allem, weil die beiden Kirchen doch mehr und Wichtigeres verbindet, als sie trennt. Zum Glück bedeutete eine Hinwendung zur katholischen Kirche wenigstens keinen Bruch mit der Familie, weil der eine Teil evangelisch, der andere Teil katholisch war. Ich erinnere mich bis heute sehr gern daran, wie mein Großvater mich als Kind mit in die katholische Kirche genommen hat. Jedesmal haben wir eine Kerze angezündet und zusammen für jemanden gebetet. Auch heute noch zünde ich immer eine Kerze an, wenn ich eine fremde Kirche besuche, und bete – jetzt für ihn.
Je länger der Konflikt in mir andauerte, desto mehr habe ich mich mit Fragen des Glaubens beschäftigt und desto sicherer wurde ich auch, dass ich mich in der katholischen Kirche wohl fühle. Am Ende habe ich mich entschieden, den Schritt zu gehen. Ich bin offiziell in die katholische Kirche aufgenommen worden und habe einige Wochen später das Sakrament der Firmung empfangen. Seitdem bin ich auch auf dem Papier katholisch, aber ein Stück von meinem Herzen ist evangelisch geblieben. Ich merke schon einmal, dass ich aus einer anderen Tradition stamme als die »alten Katholiken«; die Lutherbibel lese ich immer noch lieber, das kurze Gebet des Pfarrers vor und nach der Predigt vermisse ich ... Kleine Dinge sind es, die mich spüren lassen, dass ich doch auch noch ein bisschen evangelisch bin. Und das möchte ich auch bleiben. So musste ich eben doch nicht ganz »Nein« sagen zu meiner alten Kirche, ein Stück von ihr konnte ich mitnehmen, und so ist es eben zuallererst ein »Ja« zur katholischen Kirche gewesen, das ich gesprochen habe. Auf diese Weise ist mein alter Glaube auch mein neuer, daran hat sich nichts geändert, denn er ist nach wie vor fest verankert in Jesus Christus.

**»Mein Glaube ist nach wie vor fest verankert in Jesus Christus.«**

*Matthias V., 29 Jahre*

## IRGENDWANN EMPFAND ICH DANKBARKEIT

Wie fand ich den Weg zu Gott? Am Anfang war dieser Weg sehr schmal, und ich kam öfter davon ab. Aber mit der Zeit wurde er breiter durch bestimmte Erlebnisse und gefestigter durch den Austausch mit Menschen, die fest im Glauben stehen und mir lieb geworden sind. Aber etwas hat mich auf meinem Weg ein ganz besonders großes Stück vorangebracht: das Meer.

**»Es musste da also jemand sein, der mir die Welt, ja das Leben schenkte.«**

Seit etwa sechs Jahren bin ich leidenschaftlicher Taucher und verbringe wenn möglich jede freie Minute unter Wasser. Dort unten entdeckte ich zum ersten Mal hautnah, wie unglaublich groß und schön die Vielfalt des Lebens ist. Ja, welche unglaubliche Kraft in der Schöpfung steckt. Ich erlebte das Meer in vielen Dingen klein und zerbrechlich, in anderen wieder groß und gewaltig. Einmal ganz leise und plötzlich unvorstellbar laut. An manchen Tagen sanft und ruhig, an anderen wild und aufbrausend. Und immer wenn ich mich danach sehnte, war es da, wie schon für viele Menschen vor mir. Doch irgendwann empfand ich Dankbarkeit. Dankbarkeit dafür, dass es da war und ich für kurze Augenblicke ein Teil von ihm sein durfte. Aber wenn ich Dankbarkeit empfand, musste es doch jemanden geben, dem dieser Dank gehörte. Es musste da also jemand sein, der mir, der uns das Meer, die Welt, ja das Leben schenkte. Doch wer?
Ich für mich habe diese Frage beantworten können. Mit Gott! Und ich bin dankbar dafür, einen Ort gefunden zu haben, wo ich ihn entdecken durfte und immer wieder entdecken kann.

*Susanne L., 25 Jahre*

## ICH WUSSTE MICH ANGESPROCHEN

1. Wie bekam ich Kontakt zur katholischen Kirche?
Meine Mutti ist katholisch. Sie konnte als Berufstätige aus Zeitgründen selten zur Kirche gehen. Es wurde zusätzlich erschwert durch die Sonn- und Feiertagsarbeit. Die Propsteikirche in H. war uns bekannt und so besuchten wir diese manchmal. Ich interessierte mich dafür, aber ich war noch ein Kind. Im christlichen Sinn wurde ich nicht erzogen, aber ich bekam von meiner Mutter gute Werte vermittelt. 1997 bin ich dann mehrfach in die Kirche zu den Gottesdiensten gegangen. So kam ich dann zur katholischen Kirche.

2. Auf welche Weise bin ich zum Glauben gekommen?
Ich bin von Natur aus eher ein ängstlicher Mensch. Etwas Zeit brauche ich, aufgeschlossener

zu werden. So belasteten mich in meiner Kindheit und Jugendzeit häufig Ängste, über die ich mit meinen Eltern nicht sprechen wollte und konnte. So vertraute ich mich Gott an, um diese Ängste zu ertragen und damit zu lernen, mit Ängsten umzugehen. Ich fand Halt bei Gott und Jesus Christus.

3. Was hat mich besonders angesprochen?
Besonders hat mich die Güte Gottes angesprochen. Durch Jesus Christus, den uns Gott gesandt hat, hat sich vieles zum Guten gewandelt und ist das Heil gekommen. Das Heil ist für mich das Wichtigste. Ich möchte, dass es allen Lebewesen gut geht und jedes Lebewesen eine Chance bekommt, in den Himmel zu kommen und ein gutes ewiges Leben zu haben: Gott und Jesus Christus verkörpern für mich alles Gute.

4. Weshalb wollte ich mich taufen lassen oder weshalb wollte ich dieser Kirche angehören?
Als Kind und Jugendliche habe ich an Gott geglaubt, ich war auf der Suche nach Gott, aber ich habe es niemandem erzählt, aus Angst vor Verletzungen (z. B. das sich jemand über den Glauben und meinen Glauben lustig macht). Später, als ich dann allein zur Kirche gegangen bin, hatte ich nicht mehr solche Angst und habe meinen Glauben bekundet und wollte mich taufen lassen. Da meine Mutter katholisch ist, sollte ich auch der katholischen Kirche angehören.

»Besonders hat mich die Güte Gottes angesprochen.«

5. Was möchte ich anderen empfehlen?
Der Glaube hat mir sehr geholfen, Leid zu ertragen, darauf zu hoffen, dass alles wieder gut wird, so meine Erfahrung. Die Leiden und Probleme zu überstehn und dankbar zu sein, wenn es Besserung gibt. Wenn es keine Besserung gibt, immer zu hoffen, dass Besserung kommt. Glaube, Hoffnung, Liebe gehören zusammen. Diese Dinge, so finde ich, sind sehr wichtig und wertvoll. Ich empfehle es, sich an diesen Dingen zu orientieren, und es geht einem wirklich besser und gibt dem Leben einen Sinn.

*Kristin U., 28 Jahre*

Wie kam ich zum Glauben an Gott? Der Weg dazu war lang. Aber anfänglich habe ich schon als kleines Kind an Gott geglaubt. Unser Vater hat ab und zu mit uns von Gott gesprochen, auch von der Geschichte Jesu, aber mehr wie ein Märchen für Kinder. Er hat in seiner Jugendzeit in einer Bibliothek in der Bibel gelesen: ein geschütztes Exemplar, das in der Bibliothek bleiben musste. Ich habe als Kind intensiv an Gott gedacht immer zu Weihnachten. Bei uns kam nicht der Weihnachtsmann, sondern das Christkind. Ich dachte immer, das ist der liebe Gott. Wenn die Kirche auf dem Weg zur Schule offen war, bin ich immer in die Kirche gegangen. Ich habe dort nur gestanden, war fasziniert und staunte. Manchmal habe ich »meine« inneren Gebete gesprochen.

**»Der Weg in die Kirche hat mich immer gelockt.«**

Einige Jahre war alles stumm für mich. Aber der Weg in die Kirche hat mich immer gelockt. Die Kirche war leider geschlossen. 1994 kam ich nach Deutschland über eine Agentur als Kindermädchen zu einer evangelischen Familie in N. Ich hatte für drei Kinder zu sorgen, später kam das vierte. Der Vater fragte mich einmal, ob ich wüsste, was wir Ostern feiern. Ich wusste es nicht genau. Das war für mich der Moment, wo ich mehr vom christlichen Glauben wissen wollte. Wenn ich Zeit hatte, bin ich gerne in die benachbarte katholische Kirche von H. gefahren. Ich habe an einem Sonntag sowohl die katholische Messe als auch in der benachbarten evangelischen Kirche den Gottesdienst mitgefeiert. Das hat mich tief beeindruckt: die Atmosphäre, das Singen und Beten, obwohl ich nicht alles verstanden habe. Ich fühlte mich manchmal wie ein »Eindringling«, der nicht dazugehört. Auf der anderen Seite war es einfach schön. Ich hatte ein »schlechtes Gewissen«, weil ich die Gebete und die Lieder nicht kannte und weil ich nicht getauft war. Wegen des abgelaufenen Visums musste ich in meine Heimat T. zurück.

1996: Ich habe in Deutschland »mein Herz gelassen«: Ich lernte meinen zukünftigen Ehegatten kennen und lieben. Ich arbeitete in P. Wo ich arbeitete, gab es in der Nähe eine katholische Kirche. Diese Kirche hat für unsere Familie eine große Bedeutung. Meine Großmutter hat hier als verheiratete Frau zwei Jahre lang gebetet, um ein Kind zu bekommen. Dann hat sie ein Kind geboren, meinen Vater. Nach der Arbeit ging ich ab und zu – einmal die Woche – in diese Kirche. Sie war fast immer offen. In der Kirche habe ich wieder meine inneren Gebete gesprochen. Das war für mich der entscheidende Schritt zum Glauben an Gott. Nach einem halben Jahr kehrte ich nach Deutschland zurück zu meinem Freund. Im Januar 1997 haben wir standesamtlich geheiratet. Es war unser gemeinsamer Wunsch, katholisch zu heiraten. Weil ich nicht getauft war und wegen der bürokratischen Formalitäten zwischen Deutschland und T. haben wir davon Abstand genommen. Die Familie meines Mannes ist gut katholisch. Mein Mann hat mir viel von der Zeit erzählt, wo er Messdiener war. Ich fand es sehr interessant. Wir sind ab und an zum katholischen Gottesdienst gegangen. Unser Sohn C. wurde geboren. Damit war nicht so viel Zeit, in die Kirche zu gehen, und ich hatte Schwierigkeiten mit meiner neue Rolle als Mutter. Wir wollten ihn gern taufen lassen. Der

Pfarrer hörte unser Anliegen. Er riet uns, mit der Taufe zu warten, bis wir als Eltern die nötigen Schritte im Glauben an Gott gegangen sind. Ich war damals enttäuscht, aber jetzt finde ich es gut, dass wir mit der Taufe von C. gewartet haben. Ich wollte mich selbst taufen lassen, hatte aber nicht den Mut, den Pfarrer darauf anzusprechen. Als die Nichte meines Mannes mit 6 Jahren in diesem Jahr getauft wurde, sollte mein Mann der Taufpate sein. Bei der Tauffeier war ich tief bewegt – bis zu Tränen – über das, was der Pfarrer sagte. Ich wollte aufstehen und selber getauft werden, am liebsten sofort. Vor der Kirchentür sprach ich den Pfarrer an und sagte ihm meinen Wunsch. Seit dieser Zeit nehme ich am Taufunterricht teil und besuche fast jeden Sonntag die Heilige Messe.
Ich habe das Gefühl, dass Gott mir immer näher ist und mich und meine Familie beschützt. Ich habe keine Hemmungen mehr, mit Menschen, die nicht an Gott glauben, über meine Erfahrung zu sprechen. Ich nehme viele schwierige Situationen jetzt leichter an und kann viel besser als früher das Gute im Menschen sehen. Dabei hat mir mein Mann viel geholfen. Für das zweite Kind habe ich viel gebetet, dass es kommt. Nun bin ich – Gott sei Dank – schwanger und danke Gott für dieses Kind, das er mir geschenkt hat. Oft bete ich zu Gott für dieses Kind. Der Glaube an Gott machte mich sehr glücklich und ausgeglichen.

*Libuse P., 32 Jahre*

Wie kamen wir zum Glauben an Gott? Wir sind seit der Zeit des Kindergartens befreundet. Schon als Kind haben wir an »Gott« gedacht, ihn uns kindlich als Vater »auf der Wolke« vorgestellt. Keiner hat uns etwas von Gott erzählt. Unsere Eltern und Geschwister glaubten nicht an Gott. Am 12. September 2001 – einen Tag nach dem Terroranschlag in New York – sind wir mit den Klassenkameraden unseres Gymnasiums in die evangelische Kirche in W. gegangen zu einer Andacht mit dem dortigen Pfarrer. Dieser Gottesdienst gab uns Trost. Daraufhin haben wir in unserer Schule am katholischen Religionsunterricht teilgenommen. Wir hatten großes Interesse an den Fragen des Glaubens. Der Religionsunterricht hat uns zugesagt.

**»Wir hatten großes Interesse an den Fragen des Glaubens.«**

Wir begannen, ein wenig in der Bibel zu lesen. Im September 2003 haben wir uns spontan dazu entschlossen, einen katholischen Gottesdienst zu besuchen. Aus der Zeitung entnahmen wir die Gottesdienstzeit in O. Die Heilige Messe war schön und ein wenig fremd für uns. Dennoch gefiel sie uns sehr und hatte für uns etwas Befreiendes. Deshalb kamen wir dann regelmäßig zum Sonntagsgottesdienst nach O. Unsere Eltern fahren uns mit dem Auto dorthin. Im April 2004 sprachen wir mit Pfarrer R. und sagten ihm, dass wir uns gern taufen lassen möchten. In den vergangenen Wochen haben wir durch die Taufgespräche Gott besser kennen und lieben gelernt.

Wir freuen uns auf unsere Taufe in der Osternacht 2005. Im katholischen Religionsunterricht haben wir über unseren Wunsch, uns taufen zu lassen, ausführlich gesprochen. Wir haben aus unserer Gruppe einen Klassenkameraden gebeten, unser Taufpate zu sein. Beide Taufpaten freuen sich sehr über ihre neue Aufgabe. Wir wollen bald gemeinsam mit ihnen beim Taufgespräch alles Wesentliche für die Taufe besprechen.

*Maria W., 17 Jahre, und Julia G., 18 Jahre*

Es waren tief greifende Erlebnisse, die mich, man könnte sagen, vom Atheisten zum Christen machten, doch meine erste Begegnung mit Gott hatte ich als Zehnjähriger – mit einer Taschenlampe unter der Bettdecke, als ich in einer alten Bibel las, die meine Oma mir geschenkt hatte. Ich kann mich nicht genau erinnern, wann mir erstmals von Gott erzählt wurde, und wie sich das angehört hat. Meine Eltern seien jedenfalls mal evangelisch gewesen, aber wohl nie so richtig. Nach meiner Geburt wurde überlegt, ob man mich taufen lassen solle, aber da war doch die Partei, der mein Vater angehörte, und die sah es ja eigentlich nicht so gerne. Wenn's denn heimlich ginge. Aber das sah der Pastor nicht gerne. Na ja – sie haben's dann gelassen. Später traten meine Eltern auch selbst aus der Kirche aus, und ich bekam nur einmal im Jahr, an Weihnachten, ein Gotteshaus von innen zu sehen. Es war wohl meine Oma (mütterlicherseits), die mir von Gott erzählte. Auch sie war keine praktizierende Christin mehr, aber sie schien ihn noch in sich zu tragen, diesen Gott, an den sie unzählige Gebete geschickt hatte während des Krieges, in den ihr Mann gezogen und nicht zurückgekehrt war. Dieser Gott, an den zu glauben sie trotz alledem nie müde geworden war, beeindruckte mich. Ich wollte mehr über ihn wissen.

So nahm ich mir vor, jeden Tag eine Seite in der Bibel zu lesen, die sie mir überlassen hatte. Und ich nahm mir vor zu beten. Aber auch davon hatte ich nur eine vage Vorstellung. Keiner hatte es mir gezeigt oder erklärt. Ich betete also nur, um etwas zu erbitten. An einem Abend, als meine Mutter nach der Arbeit nicht nach Hause kam und ich an der Straßenbahnhaltestelle verzweifelt auf und ab lief, in Angst und Sorge, ihr könnte etwas zugestoßen sein, ja, da flehte ich den lieben Gott an, er möge sie aus der nächsten Bahn aussteigen lassen. Als sie am nächsten Morgen wieder da war, hatte ich Gott vergessen. Und das mit der Bibel hielt ich auch nicht lange durch. Ich war wirklich guten Willens, aber das Buch war in altdeutscher Schrift abgefasst, und ich machte den Fehler, eben von vorn, am Anfang, anzufangen, wie bei jedem Buch. Leider ist das Alte Testament als »Einstiegsdroge« nicht gerade geeignet, zumindest für einen Zehnjährigen, der keine Erfahrung mit Gott hat. Ich weiß nicht, wie weit ich gekommen bin. Irgendwann zwischen biblischen Stammbäumen und den Längenmaßen der Arche Noah hab ich's aufgegeben.

**»Dieser Gott beeindruckte mich. Ich wollte mehr über ihn wissen.«**

Einmal noch während meiner Kindheit kam ich mit Gott und der Kirche in Berührung. Ein Freund, der in einer christlichen Familie und einer evangelischen Gemeinde aufwuchs, wollte bei einem Krippenspiel mitspielen, traute sich aber nicht allein. Er fragte mich und so kam es, dass ich am Heiligen Abend, ich weiß nicht mehr, welchen Jahres, einen Hirten spielte und laut das »Vater unser« beten durfte, welches ich vorher eigens auswendig gelernt hatte. Und das war mein kindlicher Glaube – ein Buch, wie aus einem Labor, ein Beten, das mal Betteln war, mal auswendig gelernt wie ein Gedicht. Und niemand hauchte diesen toten Dingen Leben ein.

Und dann kam ich plötzlich in die Pubertät und hatte für Gott nichts mehr übrig. Ja, für was überhaupt? Das wusste ich nicht. Es war die Zeit, in der die Mauer fiel und die Welt sich veränderte. Ich hing haltlos zwischen den Systemen und zwischen Himmel und Erde. Ich rebellierte, war gegen alles und verabscheute jeden, der versuchte, mir eine Richtung zu geben oder einen Weg zu weisen. So musste vor allem mein Vater dran glauben und eben der liebe Gott aus Kindheitstagen, von dem ich sowieso keine richtige Vorstellung hatte. Ich war gegen sie, weil ich nicht für sie sein wollte, so wie ich gegen den neuen Staat war, der uns zu schlucken drohte. Ich war Anarchist und Atheist und mächtig stolz darauf, wenngleich ich keinen blassen Schimmer hatte, was das alles bedeutete.

Mit 15 dann hatte ich meine erste Freundin. Sie hieß C., war das netteste Mädchen meiner Klasse und – katholisch. Durch sie kam ich wieder mit dem Glauben in Berührung. Doch Begeisterung konnte sie nicht bei mir entfachen. Im Gegenteil. C. war kirchlich sehr engagiert, sang im Chor, war im Jugendrat ihrer Gemeinde, all diese Dinge. Dazu kam, dass sie jeden Sonntag mit ihrer Mutter und ihren Geschwistern in die Messe ging. Ich hasste diese ganze Kirche, weil meine Freundin mehr Zeit dort verbrachte als bei mir. Und ich war sauer auf Gott, weil ich sie scheinbar mit ihm teilen musste. Viel Streit hat es deshalb gegeben, unzählige Diskussionen und Kämpfe, geführt mit der ganzen Sturheit Heranwachsender. Als ich 19 war, haben wir uns getrennt. Nicht wegen Gott oder der Kirche, nein, in erster Linie waren es sehr weltliche Dinge, aber es hat sicher eine Rolle gespielt, dass wir nicht dieselbe Sprache gesprochen, nicht die gleichen Dinge empfunden haben. Doch auch C.s Mutter hatte, ohne es zu wissen, als wir noch zusammen waren, einen weiteren Grundstein für meinen Glauben gelegt. Sie hatte mir eine Zivildienststelle besorgt in dem Krankenhaus, in dem sie arbeitete – einem katholischen Haus. Dort lebten noch ein paar alte Ordensschwestern, die, wenn sie auch im Stationsbetrieb nicht mehr aktiven Dienst leisteten, sich doch immer noch um die kranken Seelen bemühten. So kam zum Beispiel jeden Abend Schwester K. auf die Kinderstation, auf der ich als Pfleger arbeitete und sprach, manchmal gemeinsam mit den Kindern, ein Abendgebet. Außerdem hingen überall Kreuze mit Jesus und Heiligenbilder. Es ließ sich nicht vermeiden, dass die Kinder mich fragten über Gott – Wer ist das? – und ich, der es selbst kaum wusste, wollte ihnen nichts zerstören. Sie klammerten sich doch an ihn in ihrer Angst oder ihrem Heimweh. Ich war auf einmal sehr viel offener Gott gegenüber. C. musste unbewusst in all den Jahren eine Tür für mich geöffnet haben. In dem Krankenhaus war eine kleine Kapelle mit hölzernen Bänken und himmlischer Ruhe. Sie diente den Schwestern für ihre Messen und Andachten und stand Patienten und Besuchern stets offen. Es war ein schöner, warmer Ort. Und es gab einen Pater, der hinter dieser Kapelle wohnte und im Krankenhaus als Seelsorger arbeitete, Pater W. Ich mochte ihn, und ich sollte ihn noch öfter treffen.

Im Verlauf meines Zivildienstes musste ich die Kinderstation verlassen und in die Verwaltung wechseln. Meine Chefin war nun C.s Mutter. Das hatte zur Folge, dass ich C. immer mal wieder zu Gesicht bekam und sie mich, und das hatte zur Folge, dass wir beide uns noch mal näher kamen und schließlich wieder ein Paar wurden. Und Gott? Gott war nicht mehr zwischen uns, und das war schon eine ganze Menge. Ich hatte mich sozusagen mit Gott arrangiert,

wenn's gut kam, ging ich sogar Heiligabend mit in die Kirche. Ich akzeptierte C.s Glauben, fand auch nichts Komisches oder Ungewöhnliches daran. Und auch C., die mittlerweile mehr Abstand von der Kirche hatte, ließ mich damit in Frieden. Es war Ruhe eingekehrt in unseren Glaubenskrieg.
Ein paar Jahre später fragte ich C., ob sie meine Frau werden wolle. Sie hat ja gesagt, und wir planten unsere Hochzeit. Natürlich wollte sie kirchlich heiraten. Viele fragten mich, ob ich mich aus diesem Anlass nun taufen lassen werde. Darüber nachgedacht habe ich auch, doch hätte ich es sicher nicht getan, wenn die Heirat davon abhängig gemacht worden wäre. Aber so streng war sie ja gar nicht mehr, die katholische Kirche. Wir durften auch so heiraten, ich musste mich lediglich verpflichten, einer christlichen Erziehung möglicher gemeinsamer Kinder nicht im Wege zu stehen. Damit hatte ich kein Problem. Und wir mussten uns mit geistlicher Unterstützung auf unseren Schritt vorbereiten, Brautunterricht nennt man das wohl, und den übernahm Pater W., der uns dann auch im Mai 1999 in einer Landkirche im Kreise der Familie traute. Es war eine sehr schöne, kleine Feier, keine Messe, aber doch ein Wortgottesdienst mit allem, was an religiösem Ritual dazugehört, und ich fand das sehr faszinierend. C. trug zu unserer Hochzeit bereits ein Kind im Bauch (was heutzutage natürlich auch kein Problem mehr ist), und die ersten Monate unserer Ehe standen im Zeichen dieser Schwangerschaft mit all der Vorfreude aber auch mit Zweifeln und Ängsten. Zum Jahreswechsel konnten wir´s kaum erwarten, doch der errechnete Geburtstermin verstrich, und als C. ihn schließlich neun Tage überschritten hatte, wurde sie zur Einleitung der Geburt ins Krankenhaus eingewiesen. Es war das Haus, in dem ich während meines Zivildienstes so wertvolle Erfahrungen gesammelt hatte, und das damit mein weiteres Schicksal mitbestimmt hat. Das sollte es auch diesmal tun.
Einen eigenen Bericht könnte ich abgeben über die Ereignisse dieser Tage, doch die sollen hier nicht Thema sein. Nur soviel, dass man meine weitere Entwicklung begreifen mag: es waren schreckliche Tage. Wir hatten zunächst falsche Vorstellungen, was die Einleitung angeht, dachten, danach ginge es schnell und wir können gemeinsam die Geburt erleben, von der wir Monate geträumt und gesprochen hatten. C. bekam auch heftige Wehen, doch ansonsten tat sich nichts, man klärte uns auch nicht über die Situation auf, ständig wechselten Ärzte und Hebammen, die alle immer wieder die gleichen Untersuchungen an C. vornahmen, sich untereinander skeptische Blicke zuwarfen und uns völlig allein mit unseren Fragen und Ängsten ließen. Nur Pater W. kam zuweilen und stand uns bei. Doch tun konnte auch er nichts. So ging das Tag auf Tag. Und mit jeder Stunde schwanden unsere Hoffnungen auf eine natürliche Geburt. Aber vor allem schwanden C.s Kräfte, körperliche wie seelische. Ich musste ihr nun Kraft geben und Trost und Mut zusprechen; doch nach drei oder vier Tagen unter diesen extremen Eindrücken war auch ich vollkommen leer, hatte nicht den Funken von Kraft. Und da geschah etwas eigenartiges, manche mögen´s wundersam nennen. Ich ging in die kleine Kapelle mit den Holzbänken. Niemand sonst war dort. Ich setzte mich. Und blieb einige Minuten sitzen und die Sonne strahlte durch die hohen Scheiben und machte das Holz der Bänke hell. Ich blickte auf zum Altar und plötzlich spürte ich, wie

wenn ein warmer Wind durchs Gras geht, eine Kraft in mich fahren. Ich fasste neuen Mut und Zuversicht. Mir war in diesem Moment nicht klar, was das zu bedeuten hat; ich brachte es auch nicht in Verbindung mit Gott oder diesem Ort, erst später erinnerte ich mich dieses Augenblicks und verstand. Noch am selben Abend wurde uns ein Kaiserschnitt angeboten, eine Entscheidung, die wir zwar gefürchtet hatten, aber nunmehr eine Erlösung darstellte. Am nächsten Morgen half man unserem Sohn A. auf die Welt. Schnell waren die furchtbaren Tage vergessen, zu groß unser Glück über den gesunden Jungen und die Freude, die er in unsere Familie brachte. Wenn ich noch heute an die lieben Augen meines Vaters denke, der zum Schluss das Warten kaum noch ertragen hatte. Ich verstand mich jetzt besser mit meinem Vater, die Jahre, wo wir uns die Köpfe eingeschlagen hatten, waren vorüber, ich fühlte mich von ihm akzeptiert und geachtet, und nirgendwo war mehr Stolz als in seinen Augen, wenn er mich ansah, und das machte ihn für mich, nun da ich ja auch Vater war, zu einem engen Verbündeten.

Doch, was wir alle nicht ahnten in diesen Tagen – das nächste schicksalhafte Ereignis hing schon wie eine Gewitterwolke über unseren Köpfen. Keine sechs Wochen nach A.s Geburt hatte mein Vater seinen 66. Geburtstag. Es ging ihm leider nicht so gut an diesem Tag, die ganze Aufregung der letzten Wochen steckte ja noch in seinen Gliedern. Doch wir feierten auch nicht groß, nur C. und ich und natürlich unser kleiner A. waren bei meinen Eltern. Nach dem Kaffeetrinken ließen wir meinen Vater ein wenig allein, damit er sich ausruhen konnte und besorgten das Abendessen. Als wir später bei Tisch saßen und aßen, hatte mein Vater keinen rechten Appetit, und auf einmal fasste er sich an die Brust und sah mich an und kippte leicht zur Seite weg und lag leblos plötzlich neben mir auf der Couch. Ich will auch hier nicht detailliert beschreiben, was jetzt folgte; es übertraf bis dahin Schreckliches bei weitem. Mein Vater starb an diesem Abend und mir wurde das Herz entzwei gerissen. Schlimme Wochen folgten. Andere verlieren in solchen Zeiten ihr Gottvertrauen. Für mich war das einzige, was mich am Leben hielt und mich bis heute diesen Schmerz ertragen lässt, der Gedanke, dass mein Vater weiterlebt durch Gott, dass er weiter meinen Weg mit mir gemeinsam geht und mir über die Schulter blickt und auf die Finger sieht, vielleicht grad jetzt, da ich das schreibe. Ich glaube manchmal, nun verbringt mein Vater mehr Zeit mit mir, als ich ihm zu Lebzeiten hätte schenken können. Dieser Umgang mit dem Tod meines Vaters war nur durch den Glauben an Gott möglich, dem ich mich nun bereitwillig näherte. Ein Vierteljahr später wurde A. getauft, natürlich von Pater W. Ich hatte damit länger warten wollen, weil ich erst einmal Ruhe einkehren lassen wollte, doch C. wünschte sich die Taufe so schnell wie möglich, weil es für sie bedeutete, A. in Gottes Obhut zu geben, und irgendwie verstand ich das auch. Wir bereiteten uns sehr intensiv darauf vor, es lenkte mich ja auch ein wenig ab, und ich kann nicht leugnen, einigen Gefallen an Liedern und Riten gefunden zu haben. Ich sah mittlerweile die Taufe und den Glauben als ein Geschenk, das wir unserem Kind machten und war traurig, dass mir dieses Geschenk nicht gemacht worden war. In dieser Zeit begann ich auch wieder, in der Bibel zu lesen. Nur nahm ich mir diesmal das Neue Testament vor, in dem von Jesus erzählt wird. Ich las jeden Tag ein kleines Stück, frühmorgens vor der Arbeit. Es war eine schöne Erfahrung, weil ich an vielen Stellen einfach still mit dem Kopf nickte. Danach fühlte ich mich wohl, und das machte irgendwie meinen Tag reicher. Unmerklich nahm ich Kontakt zu Gott auf – ich betete, auch wenn es mir nicht als Beten bewusst war. C. bekam natürlich meinen Wandel mit.

Eines Abends fragte sie mich, ob ich mir vorstellen könne, mich taufen zu lassen. Es war keine ernst gemeinte Frage, sie wollte mich aus der Reserve locken, doch ich antwortete: »Das ist eigentlich so gut wie sicher.« Längst hatte ich mit dem Gedanken gespielt, ihn wie einen Ball hin und her geworfen, geprüft, wie er sich anfühlt. Und nun war es ausgesprochen. Pater W. bat ich, mich zu begleiten, da mich viel mit ihm verband und er mich kannte. Eine Gemeinde fehlte uns damals. Doch ich wollte meinen Schritt nutzen, um wieder Anschluss zu finden – auch für C. Meine Taufe sollte in der Kirche stattfinden, in der sie ihre Jugend verbracht hatte und in der ich ein neues Zuhause für unsere kleine christliche Familie finden wollte. Doch so weit waren wir noch nicht. Erst einmal kam ein knappes Jahr Vorbereitung. Ich besuchte einmal in der Woche Pater W. in seiner kleinen Wohnung am Krankenhaus. Vorher feierte ich immer mit den Ordensschwestern die Abendmesse – in der kleinen Kapelle, die für mich so eine große Rolle spielte. Und in der Osternacht 2001 war es dann so weit. Es war die erste Osternacht, die ich überhaupt erlebte, und ich werde nie den Moment vergessen: als das Licht in diese dunkle Kirche getragen wurde, Licht, das sich fortpflanzte, weit in alle Reihen hin, und als die Orgel dann zu spielen begann und Musik da war, wo vorher Stille war. Es gibt keinen schöneren Rahmen für eine Taufe, weil genau das mit einem selbst passiert. Es ist jetzt gut dreieinhalb Jahre her, und wenn ich mich frage, was davon geblieben ist, und ich ganz ehrlich bin, dann muss ich zugeben, das ich keiner geworden bin, der jeden Sonntag in die Kirche geht. Und auch manches Ritual ist mir noch immer nicht vertraut. Doch der Glaube an Gott und die Liebe zu ihm sind geblieben. Und die glücklichen Tränen dieser Osternacht stehen mir noch warm in den Augen. Ich rede nicht nur so daher, wenn ich sage, dass Gott Licht in mein Leben gebracht hat.

Ich meine, seien wir doch mal ehrlich, das fing schon mit der Taschenlampe unter der Bettdecke an. Aber im Ernst: das Leben ist heller geworden mit Gott. Ich stehe jeden Morgen im Vertrauen auf, dass Er mich begleitet, und das macht mich optimistischer und sicherer. Nicht immer bin ich bei bestimmten Dingen gleich seiner Meinung, aber viel später merke ich dann oft, wofür's gut war. Ich glaube, dass nichts im Leben ohne Grund geschieht. Alles hat seinen Sinn, auch wenn sich uns dieser nicht immer auf Anhieb erschließt. Meine Glaubensgeschichte ist der beste Beweis dafür.

*Thomas K., 29 Jahre*

## ICH FÜHLTE MICH ERHÖRT

Es fällt mir nicht so leicht, meine Gefühle und Gedanken auf dem Weg zum Glauben zu beschreiben. Aber ich will es versuchen. 1994 hatte ich das Glück, bei der Caritas in M. Arbeit zu bekommen. Und zwar in der Suppenküche. Dabei machte ich immer wieder Erfahrungen mit Gottesdiensten und kirchlichen Feiern. Das gab Anstoß, über mein Leben nachzudenken. Verschiedene Fragen kamen hoch: Was bedeutet das, wenn man an Gott glaubt? Was ist dann anders? Kann man das ein Leben lang? Kann man den Glauben noch lernen mit über 40 Jahren?

»Kann man den Glauben noch lernen mit über 40 Jahren?«

Dabei war es mir wichtig, meinen Arbeitgeber und diesen Suchprozess auseinanderzuhalten. Ich wollte keine Vorteile haben. Es ging mir um etwas ganz anderes. Die Fragen nach Gott ließen mich nicht mehr los. Wieder und wieder wurde ich darauf gestoßen. Ich hatte ja keinerlei Vorerfahrungen, kann keine Gebete, aber ich fühlte mich erhört. Meine ersten einfachen Gebete habe ich zu Hause auf unserem Balkon gesprochen. Unter freiem Himmel hatte ich das Gefühl, unserem Gott sehr nahe zu sein.

Ein Gebet wurde mir bald sehr lieb. In den Räumen der Suppenküche hing das Vaterunser an der Wand. Ich habe es immer wieder gelesen. Bis heute ist es mein Lieblingsgebet. Irgendwann habe ich mich dann in eine Kirche getraut. In meiner Chefin habe ich eine vertrauenswürdige Gesprächspartnerin gefunden. Der nächste Schritt war, dass ich mich beim Pfarrer gemeldet habe. Ich wollte irgendwie dazugehören. Weil der Pfarrer unsere Gemeinde verließ, gab es eine Unterbrechung. Aber ich meldete mich bald bei dem neuen Pfarrer. Er gab mir Mut, den Weg zum Christwerden wirklich zu gehen. Vor allem eins hat mir die Bahn geöffnet: Er sagte mir, dass es keine dummen Fragen gibt, sondern nur dumme Antworten. Allmählich wuchs immer mehr das Bewusstsein, dass Gott wirklich mich meine. Taufe und Firmung hatte ich am 20. April 2002.

Heute ist es mir wichtig, meinen Glauben offen zu bekunden. Ich bin sehr glücklich und stolz, eine Christin zu sein.

*Renate D., 45 Jahre*

Wie bekam ich Kontakt mit der katholischen Kirche?
N.: Meine Großeltern und mein Onkel waren katholisch und praktizierten den Glauben.
M.: Durch den lebenskundlichen Unterricht bei der Bundeswehr, die Großeltern und die Familie meiner Frau. Durch die Taufen ihrer Cousinen in der Pfalz.

Auf welche Weise bin ich zum Glauben gekommen? Was hat mich dabei besonders angesprochen?
N.: Durch eine Begegnung mit Pfarrer Vornewald auf der Beerdigung meines Großvaters, da er ihn so würdevoll und liebenswert begraben hat, obwohl er ihn gar nicht kannte und er auch kein Kirchgänger war.
M.: Durch meine Frau und deren Familie. Bei Besuchen ihres Onkels strahlte die ganze Familie eine Wärme und Offenheit aus, die ich bis dahin nicht kannte. Sie strahlten ein Gemeinschaftsgefühl aus und hießen jeden in ihrer Mitte willkommen ohne jegliche Vorbehalte.

Weshalb wollte ich mich taufen lassen oder dieser Kirche angehören?
N.: Durch die Familie hatte ich Kontakt zur katholischen Kirche. Gottesdienste, an denen ich in der evangelischen Kirche teilnahm, haben mir aus unerklärlichen Gründen nicht wirklich gefallen. Die Wärme und Vollkommenheit im Umgang miteinander in der Familie meines Onkels ließen für mich keinen anderen Schluss zu, als dass es auf deren Glauben zurückzuführen war und es das war, was mir in meinem Leben fehlte.

**»Sucht nach dem eigenen Lebensinhalt, den ihr im Glauben erkennen könnt.«**

M.: Ich wollte ein Teil dieser Gemeinschaft sein, und durch den Unterricht bei Pfarrer W. wurde mir der Glauben noch näher gebracht und der Wunsch in mir wuchs, ein Teil dieser Kirche zu werden.

Was würde ich den Menschen empfehlen?
N.: Anderen Menschen möchte ich raten, dem Herzen zu folgen bzw. nach ihrem eigenen Lebensinhalt zu suchen, der sicherlich nicht selten im Glauben erkannt wird.
M.: Offen und ohne Vorbehalte sich mit dem Glauben zu befassen. Es ist nichts Anstößiges oder Schlechtes. Es schadet einem nicht, sondern im Gegenteil, es gibt einem Sicherheit im eigenen Leben.

*Nadin und Mirko S., 28 Jahre*

Ich lernte meine Frau C. durch eine Annonce kennen. Erst schrieben wir uns, dann besuchten wir uns an den Wochenenden immer öfter. So besuchte ich auch immer die Gottesdienste. Weihnachten 1978 zog ich von L. nach S. in C.s Elternhaus. Im Freundschafts- und Bekanntenkreis meiner Frau wurde ich herzlich aufgenommen. Als ich um die Hand meiner Frau anhielt, gab es ein Gespräch zwischen C.s Vater und mir. Am 30. Juni 1979 heiraten wir in der Kirche St. Marien. Am 13. Mai 1981 wurde unsere Tochter C. geboren und am 4. Oktober des gleichen Jahres getauft. Es entwickelten sich freundschaftliche Beziehungen, z. B. im Familienkreis. Hier sprachen wir über alltägliche und kirchliche Begebenheiten. Nach der Wende arbeitete ich als Leiharbeiter bundesweit. Zum 50-jährigen Jubiläum des Kirchenchores St. M. trat ich diesem bei. Im Jahr 2000 bewarb ich mich als Hausmeister in der katholischen Kindereinrichtung »M.« und wurde auserwählt.

**»Mit der Taufe wollte ich ein Zeichen setzen, dass ich ein Teilchen des Ganzen bin.«**

Nun wollte ich endlich Gewissheit, ob ich getauft worden war, und stellte Nachforschungen an. Dies war nicht der Fall. Im Jahre 2001 bat ich Pfarrer L. getauft zu werden. Mit der Taufe wollte ich mir und anderen ein Zeichen meiner Zugehörigkeit setzen, dass ich ein Teilchen des Ganzen bin. Der Taufbewerbergottesdienst und die Taufe zu Ostern 2002 sind für mich große Ereignisse, an die ich mich immer wieder gern erinnere. Die Taufpaten gehören zu unserem Familienkreis. Zu Arbeiten in der Gemeinde treffen wir uns öfter. Dieses schweißt zusammen. Mit der Taufe bin ich ein Bündnis eingegangen, womit ich täglich Vorbildern nachleben möchte. Ein Kollege hat mir dabei zur Seite gestanden. Im November 2003 erblickte unsere Enkelin L.-M. das Licht der Welt und wurde im Mai 2004 getauft. Im Juni 2004 begingen wir unsere Silberne Hochzeit.

Wenn ich heute über mein bisheriges Leben nachdenke, so bin ich zufrieden. Ich fühle mich jetzt hier geborgen und werde Dinge ändern, die ich ändern kann. Meinen Elan werde ich nicht verschwenden an Dinge, welche nicht zu ändern sind. Ich bin gern und freiwillig mit wachsender, nicht übereilter Überzeugung und nicht weltfremd in der katholischen Kirche. Gott gibt mir in allen Lebenslagen, wenn ich mich ihm öffne, und ich bin nicht allein. Ich bin durch meine Frau zur Kirche gekommen, es war neu für mich und ich wurde neugierig. Ich habe mich durch Kontakte, Filme, Bücher und den Sinn meines Lebens schlau gemacht.

*Harry L., 51 Jahre*

Nach einer Zeit der Arbeitslosigkeit habe ich 1991 einen neuen Arbeitsplatz gefunden, der durch die katholische Kirchengemeinde in G. getragen wird. Zu diesem Zeitpunkt hatte ich überhaupt keine Beziehung zur Kirche, wusste nicht, was Glauben bedeuten kann. Trotzdem wurde mir das Vertrauen geschenkt. Ich wurde so angenommen, wie ich war, mit all meinen Fähigkeiten und Schwächen. Es wurde nicht das Gefühl in mir geweckt, dass mein neuer Arbeitgeber nun auch eine kirchliche Bindung von mir erwartet. So wie ich war, durfte ich sein. Diese Einstellung bewirkte in mir sehr viel. Aber auch ich zeigte von Anfang an eine gewisse Offenheit. So war ich von Anfang an bereit, teilnehmen zu wollen, wenn in unserer Kindereinrichtung mit den Kindern Gottesdienste gefeiert wurden. Anfangs war es sicherlich eher ein Entgegenkommen, was ich auch erkennen lassen wollte, aber auch Neugier steckte in mir. Schnell wurden dann aber diese Gottesdienste in unserem Kindergarten für mich auch zu einem Bedürfnis.

1996 konnte ich dann erstmals an einer Behindertenfreizeit der Caritas teilnehmen. Von dort aus kam mir wiederum eine Herzlichkeit entgegen, die mir einfach nur gut tat. Ich lernte Menschen kenne, die mir in allen Lebenssituationen zur Seite standen. In der dortigen Gemeinschaften haben wir zusammen viel unternommen. Gemeinsam feierten wir Gottesdienste; diese bewirkten in mir schon viel mehr. Ich wurde dadurch irgendwie ganz anders angesprochen. Während dieser Zeit spürte ich: In dir hat sich etwas verändert! Diese Veränderungen konnte ich aber nicht begründen – vielleicht wollte ich es auch zu diesem Zeitpunkt noch nicht benennen. Vertrauensvolle Ansprechpartner aus dieser Behindertenfreizeit standen mir zur Seite, wenn ich mit meinen Fragen kam, die Gott, Jesus und Glaube betrafen. Später kam ich an einem Punkt an, wo ich mir selbst eingestand, die Gottesdienste, die ich im Kindergarten miterlebte, reichen mir nicht mehr. Ich wollte Gottesdienste erleben, von denen ich einfach stärker angesprochen werde. Seit dem 1. November 1998 habe ich dann meinen Platz in der St. M.-Gemeinde in G. gefunden.

**»Ich hatte keine Beziehung zur Kirche, wusste nicht, was Glauben bedeuten kann.«**

Zu allem muss ich aber auch sagen, dass es für mich immer von Anfang an wichtig war, wie ich von unserem Pfarrer begleitet wurde. Waren die Gottesdienste so gestaltet und ebenso ansprechend, dass ich daraus etwas mitnehmen konnte für den Alltag?

Ich wollte einen Pfarrer an meiner Seite wissen, zu dem ich immer kommen konnte, und das mit all meinen Freuden, aber auch dann, wenn ich vom Kummer erdrückt wurde. Dieses große Glück hatte ich einfach in den ersten Jahren, wo es für mich besonders wichtig war, gehabt. Unter dem Thema »Den Glauben kennenlernen« bot unser Pfarrer Gesprächskreise an, die mir weiterhin Wissen vermittelten. Ich habe aber auch gelernt, dass die Liebe zu Gott vor allem erst einmal eine Herzenssache ist. Ein Lernprozess für den Glaubensweg lebt man wohl sein ganzes Leben lang.

Nach einer Zeit der Vorbereitung wurde ich am 15. April 2001 in der Osternacht getauft. Diese Taufe war für mich wohl der schönste und größte Augenblick in meinem Leben. Von diesem Moment an konnte ich sagen, ich gehöre zu einer großen Glaubensgemeinschaft, ich wurde als Christ geboren und bin jetzt ein Kind Gottes. Dieser liebende Gott würde immer bei mir bleiben, würde sich auch nie von mir abwenden, egal, wie mein Leben verläuft. Davon war und bin ich von ganzem Herzen überzeugt. Ich habe aber auch gerade nach meiner Taufe Erlebnisse gehabt, die in mir Verzweiflung, Schmerz, Kummer und Enttäuschungen sehr stark aufkommen ließen. In mir wurden Fragen laut, warum ich gerade das zu diesem Zeitpunkt so erfahren musste. Wo war mein Gott, von dem ich mich so sehr geliebt glaubte? Aber ich hielt das alles tapfer aus. Vor allem aber habe ich an Gott festgehalten, wenn ich auch anfangs vieles einfach nicht verstand. Ich suchte jeden Tag nach meinem Gott und bat um Hilfe; denn allein konnte ich mein Leben so nicht mehr meistern. Ich brauchte so sehr seine Hilfe, seine liebende und schützende Hand. Ja, und diese liebende Hand habe ich erfahren. Mein Alltag, mein Leben wurde von ihm so gelenkt, dass ich auf dem Weg, der mir aufgezeigt wurde, gehen kann. Das Wissen, dass Gott da ist, macht mich stark und glücklich zugleich.
So ist es sicher sehr gut nachvollziehbar, dass ich mit dieser Erfahrung, die ich mit meinem Gott gemacht habe, andere Menschen für den Glaubensweg ermutigen möchte. Dieser Glaube gibt so einen großen Halt, der, so glaube ich, sogar ansteckend sein kann. Und dieses möchte ich vermitteln. Wichtig ist nur aus meiner Sicht, dass man unseren Gott – die Liebe zu Gott – wirklich erst einmal in seinem Herzen gefunden haben muss.

*Carola G., 44 Jahre*

## »JA, UND ICH AUCH NOCH BITTE.«

Im September 2004 trat unser Propst N. mit der Bitte an mich herantrat, doch anlässlich des Rundfunkgottesdienstes Ende Oktober im Rahmen der Predigt auch kurz über meinen Weg zum Glauben zu sprechen. Nachdem ich meine Bereitschaft erklärt hatte, machte ich mir viele Gedanken, wie man meine »Glaubensgeschichte« in wenigen Sätzen erzählt. Schnell merkte ich, dass dies nicht einfach ist. So schrieb ich den Text mehrmals um. Ich möchte diesen Text hier als Einstieg nehmen. Zum Rundfunkgottesdienst am 24. Oktober sagte ich folgendes:

Mein Name ist A. G. und ich verbrachte mein ganzes bisheriges Leben in dieser Stadt. Ich weiß nicht, wie oft ich an dieser Kirche vorbeigegangen bin, aber vor fast genau einem Jahr war ich das erste Mal in dieser Kirche. Da saß ich also als Atheist – neugierig und angespannt – ja, ich war ganz schön aufgeregt. Und warum war ich in der Kirche hier? Ich wollte mich gemeinsam mit meinem Mann über eine kirchliche Trauung informieren. Die freundliche Einladung vom Vikar zum Glaubensgesprächskreis nahm ich dankend an, denn ich hatte viele Fragen. Und in mir wuchs der Drang, wieder und wieder in die Kirche zu gehen, meine anfängliche Skepsis wich mehr und mehr und machte dem Glauben Platz. Und als an einem Abend im Gesprächskreis die Taufbewerber benannt wurden, hörte ich mich plötzlich sagen: »Ja, und ich auch noch bitte.« Erstaunt sah mich der Propst an, und ich wiederholte, nun schon etwas bestimmter, meine Bitte um die Taufe. Ich wagte also den Sprung in das kalte Wasser – oder bin ich gar nicht selbst gesprungen? Aber die vielen neuen Erfahrung als Christ, ja, seit der Osternacht diesen Jahres bin ich Christ, lassen meinen Glauben wachsen.

**»Ich kaufte mir eine Bibel und begann zu lesen. Und ich fand Antworten auf viele meiner Fragen.«**

Obwohl in diesem Text die Frage nach dem Warum fast schon beantwortet ist, denke ich, dass meine Glaubensgeschichte, wie sicherlich jede Glaubensgeschichte, vielschichtiger ist und mehrere Seiten hat. Deshalb möchte ich versuchen, diese hier niederzuschreiben.

Ich wuchs also ziemlich behütet in der DDR auf. Meine Eltern, beide zu meiner Geburt weit über 40, erzogen mich zu einem selbstbewussten und kritischen Menschen. Ich kann mich an viele intensive und interessante Gespräche als Jugendliche mit meinem Vati erinnern. Aber sowohl mein Schul- bzw. später Arbeitsalltag als auch unser Familienalltag waren ideologisch gesehen sozialistisch geprägt. Es gab praktisch keine Berührungspunkte mit der Kirche oder mit dem Glauben. Und ich dachte, dass ich mit meinem Leben zufrieden sein kann. Mit 20 Jahren heiratete ich, ein Jahr später wurde unser Sohn geboren. Wir versuchten als kleine Familie unseren Platz in dieser Welt zu finden, unser Kind gut zu erziehen und meisterten so die großen und kleine Dinge des Alltags.

Und plötzlich änderte sich alles. Im Juli 2002 starb mein Mann während eines Urlaubsaufenthaltes in der Türkei. Ich stand von einem Augenblick zum anderen allein da, in einem fremden

Land. Und dann musste ich nach Hause fahren und unserem 16-jährigen Sohn, der allein zu Hause geblieben war, erklären, dass sein Vater tot ist. Ich war fassungslos, ohnmächtig, trostlos, wütend, traurig … Ich kann den Schmerz dieser Zeit kaum in Worte fassen. Wir lagen uns stundenlang weinend in den Armen. Wie sollte bloß alles weitergehen? Aber wir versuchten irgendwie, unser Leben neu zu ordnen. Während dieser »Neuordnung« trat mein jetziger Mann V. in mein Leben. (Mein Mann ist Ukrainer und katholisch, er ist also mit Gott aufgewachsen.) Und in diesem Moment des Verliebens habe ich in seinen Augen so viel Wärme, Liebe und noch etwas gesehen. Heute weiß ich, dass dieses Etwas tiefer, unerschütterlicher Glaube ist. (Dieses Gefühl, den Glauben in den Augen eines Menschen sehen zu können, habe ich auch immer beim Friedensgruß während des Gottesdienstes.) Und mit seiner Liebe und seinem Glauben führte mein Mann mich zu Gott, ganz langsam und ganz behutsam. Wir haben uns stundenlang unterhalten; im wahrsten Sinne des Wortes über Gott und die Welt. Ich habe ihm viele Fragen gestellt, denn mein atheistischer Verstand und sein christlicher Glauben waren nicht immer einer Meinung. Aber er fand auf jeden meiner Zweifel eine Erwiderung. Und er stellt mir auch eine Frage: ob ich den Sinn meines Lebens kenne. Diese Frage und den Versuch, sie zu beantworten, sehe ich heute als den Beginn meines mir bewussten Weges zu Gott. Das sage ich so, weil ich denke, dass ich schon mein ganzes Leben auf dem Weg zu Gott war, es war mir eben nur nicht bewusst! Also diese Frage nach dem Sinn des Lebens, irgendwie kreiste sie seitdem ständig in meinem Kopf. Ich kaufte mir eine Bibel und begann zu lesen. Und ich fand Antworten auf viele meiner Fragen.

Während dieser ersten Berührungen mit dem Glauben erkannte ich, dass für meinen Mann eine kirchliche Trauung sehr wichtig ist. (Wir sind seit Oktober 2003 standesamtlich verheiratet). Ich wollte ihn gern kirchlich heiraten und aus diesem Grund gingen wir Ende letzten Jahres gemeinsam zur Kirche St. P. hier in D. Es war gerade Rosenkranzandacht, in der Kirche saßen vielleicht sechs oder sieben ältere Frauen – und wir zwei. Es ist schwer, diese Gefühle in Worte zu fassen, vielleicht ängstliche Neugier. Alles schien so fremd, und dann dieses Gebet … immer wieder dieselben Worte. Während ich der Stimme des Vikars lauschte, begann ich, mich in der Kirche umzusehen, betrachtete den Altar, den gekreuzigten Jesus, die Bilder des Kreuzweges (deren Bedeutung ich da noch nicht kannte), die Mariengestalt; mein Blick ging zur Decke der Kirche und irgendwie war ich von all diesen Dingen fasziniert, und ich spürte, dass ich hier nicht nur in einem Gebäude bin mit Bänken zum Hinsetzen und mit Bildern an der Wand, sondern hier ist mehr …

Nach der Andacht gingen wir zur Sakristei, um unser Anliegen zu besprechen. Der Vikar hörte uns aufmerksam zu, und erklärte uns, dass es zur Zeit hier in der Gemeinde einen Glaubensgesprächskreis für Taufbewerber gibt. Dieser Kreis wäre eine gute Möglichkeit für mich, Antworten auf meine Fragen zu finden. Ja, und genau das war dieser Gesprächskreis für mich. Ich bin sehr glücklich, jetzt immer noch an diesem teilnehmen zu können, weil ich denke, dass der Erfahrungsaustausch mit anderen Christen und mit den Taufbewerbern, die auch erst als Erwachsene zum Glauben gefunden haben, mir sehr geholfen hat. Und nach jedem Glaubensgesprächskreis fühlte ich mich sehr wohl, mir gefiel die entspannte Stimmung

dort, die Art, wie der Propst die einzelnen Themen mit uns besprach oder auch wie wir diskutierten. Und mehr und mehr fühlte ich mich nicht nur als Zuhörer oder Außenstehender, nein, von Mal zu Mal verstand ich das Gesagte immer besser und fühlte mich zugehörig; und ich begann zu glauben. Und dann kam dieser Abend, an dem ich im Glaubensgesprächskreis um die Taufe bat. Der Propst hatte die drei Taufbewerber benannt, die in der Osternacht die Taufe erhalten sollten. Und in diesem Moment spürte ich, ja, ich möchte das auch, und ich hörte mich sagen: »Ja, und ich auch noch.« Es folgten für mich viele neue, tiefe und sehr schöne Erfahrungen, dazu zählen der Taufbewerbergottesdienst in Magdeburg, die Vorbereitung auf die Taufe und natürlich als Höhepunkt die Taufe selbst in der Osternacht. Sehr interessant fand ich auch das Treffen der Neugetauften in Helfta. Ein sehr ergreifendes Erlebnis war für meinen Mann und mich dann unsere kirchliche Trauung im August in der Ukraine. Damit möchte ich meine Glaubensgeschichte abschließen, obwohl sie ja weitergeht. Ich sehe jetzt viele Dinge in meinem Leben anders als vorher. Ich weiß noch nicht sehr viel über die katholische Kirche, aber ich fühle in mir die Nähe zu Gott – Ich glaube.
Ich möchte diese Gelegenheit auch nutzen, all denen zu danken, die mich auf diesem Weg begleitet haben und immer noch begleiten. Als besonders schön empfinde ich, wie herzlich wir in die Gemeinde aufgenommen wurden. So sind wir in einem Familienkreis der Gemeinde integriert und ich besuche auch weiterhin den Glaubensgesprächskreis.

*Angelika G., 40 Jahre*

## GESPÜR VON WÄRME UND GEBORGENHEIT

Die Geschichte, wie ich zum katholischen Glauben gekommen bin, beginnt sehr früh, nämlich in meiner Kindheit. Schon damals zog es mich in die Kirche, auch wenn es nur zu den christlichen Feiertagen wie Heiligabend oder Ostern war. Jedes Mal, wenn ich diese Gottesdienste besuchte, spürte ich immer eine Wärme und Geborgenheit, welche man nicht in Worte fassen kann. Solche Momente begleiteten mich bis in mein Erwachsenenalter hinein. Aber ich hatte nie den Mut, mich intensiv mit dem Glauben auseinanderzusetzen. Bis dahin wusste ich nicht, dass sich durch ein Schlüsselerlebnis mein Mut zum Glauben ändern sollte.

Es war an einem späten Nachmittag. Ich war im Dienst tätig. Ich muss dazu sagen, ich arbeite als Polizeibeamtin im Streifeneinsatzdienst. An diesem Nachmittag wurde ich zu einem Einsatz gerufen, bei dem ein Mensch sehr schwer verletzt wurde durch die Unachtsamkeit seines besten Freundes. Vor Ort bot sich mir ein Bild des Schreckens. Ein Mann lag unter einem Traktorreifen gefangen. Sein Freund war der Führer des Traktor gewesen, welcher durch eine Unachtsamkeit plötzlich bremsen musste; dabei fiel sein Freund vom Traktor und rollte unter den Reifen. Während die Rettungskräfte um das Leben des Mann kämpften, kümmerte ich mit aufopferungsvoll um den Freund des Schwerverletzten. Dieser war voller Verzweiflung und bangte um das Leben seines Freundes. Der Freund starb. Voller Entsetzen brach der Mann an der Unfallstelle zusammen. Darauf entschloss ich mich entgegen allen Vorschriften, einen Pfarrer für die seelische Betreuung und die Überbringung der Todesnachricht anzufordern. Der Pfarrer an diesem Tag war Pfarrer R. Zusammen gaben wir dem Mann neuen Lebensmut, und Pfarrer R. begleite ihn mit zu der Frau des Verstorbenen sowie deren Tochter. Damals, an der Unfallstelle, war der Mann so verzweifelt, dass er keinen Sinn mehr in seinem Leben gesehen hat. Nach langen, ausführlichen Gesprächen fasste der Mann neuen Mut und verarbeitete den Tod des Freundes. Seit diesem Tag stellte ich an mir fest, dass ich mehr über den Glauben sowie die Kirche erfahren wollte.

**»Ich spürte eine Wärme und Geborgenheit, welche man nicht in Worte fassen kann.«**

Die Gespräche mit dem Pfarrer waren sehr interessant und andererseits voller Fragen für mich. Monate später fasste ich dann meinen ganzen Mut zusammen und rief im katholischen Pfarramt an, um einfach mal ein Gespräch mit einem Pfarrer über den Glauben und all meine unbeantworteten Fragen zu führen. Zu diesem Zeitpunkt wusste ich nicht, dass der zuständige Pfarrer dort Pfarrer R. war. Voller Herzklopfen klingelte ich an der Pfarrhaustür. Es öffnete Pfarrer R. In diesem Moment war mir klar, dass dies genau die richtige Entscheidung war in meinem Leben. Denn so einen Zufall gibt's nur einmal. Über Wochen lehrte mich Pfarrer R. den katholischen Glauben. In dieser Zeit änderten sich meine Gedanken sehr. Ich hatte den Mut, mich in der Öffentlichkeit zu meinem Glauben zu bekennen, selbst meiner Familie gegenüber, welche dies zu Anfang nicht gut hieß. Im Laufe der Zeit begegnete ich ihnen so überzeugend, dass sie meinen Glauben akzeptierten. Selbst mein Vater begleitete

mich damals zum Roncalli-Haus, wo der Taufbewerbergottesdienst stattfand. Er begleitete mich nicht, weil er ebenfalls den Glauben für sich »entdeckt« hätte, sondern weil er meine Entscheidung respektierte und weil er mich lieb hat. Mein Vater sah ein, dass ich den Glauben spürte und ausleben wollte und dies nicht aus einem Negativ-Erlebnis heraus, sondern weil ich dem positiv mit all meinen Gedanken und Gefühlen gegenüberstand. Ich brauchte nur meine Gedanken und mein Herz zu öffnen, um all dies zu spüren und an mich heranzulassen. Diese Sitation zeigt doch, wie viel Liebe in einem Menschen steckt; man muss sich nur auszudrücken wissen; denn bis zu diesem Zeitpunkt hatte mein Vater mir dies noch nie gesagt! Später fand dann meine Taufe in der Osternacht 2002 statt. Selbst mein größter Kritiker, damit meine ich meinen Bruder, welcher bis zum Schluss nicht bei meiner Taufe dabei sein wollte, kam letztlich doch zur Kirche und zeigte mir, dass es ganz allein meine Entscheidung ist und er sie voll und ganz akzeptiert, und im Nachhinein interessierte er sich doch für viele Fragen, welche ich am ersten Tag der Begegnung mit dem Pfarrer R. gestellt hatte.
In der Zwischenzeit sind mehr als zwei Jahre vergangen. Ich habe einen sehr liebevollen Mann gefunden, mit dem ich mich entschlossen habe, mein Leben zu teilen; wir besiegelten dies standesamtlich, leider aber noch nicht kirchlich, was wir hoffentlich noch nachholen können. 2003 kam unsere erste Tochter zur Welt. Allein dieses Ereignis ist von so viel Liebe geprägt, das man es nicht in Worte fassen kann. Mittlerweile feiern wir fast ihren ersten Geburtstag. Ich möchte auf jeden Fall meine Tochter taufen lasen, aber ich habe einfach noch nicht den richtigen Zeitpunkt gefunden, vielleicht zu Ostern im nächsten Jahr. Zurzeit ist es mir fast unmöglich, auf Grund der räumlichen Trennung sowie meiner kleinen Tochter, an einem Gottesdienst teilzunehmen. Aber dies ändert nichts an meiner Einstellung. In der heutigen Zeit ist es auf Grund der wirtschaftlichen Lage, der finanziellen Situation vieler Bürger sowie der Zeit des Terrors, des Krieges fast unmöglich, den Menschen den Glauben einfach nur in Form eines Regenbogens, eines Lächelns oder eines Sonnenstrahls darzulegen! Aber tief im Innern sind wir alle mit dem christlichen Glauben verbunden.
Eine der bewegendsten Aussagen der Bibel ist für mich: die höheren Gnadengaben – das Hohelied der Liebe: »Ich zeige euch jetzt noch einen anderen Weg, einen der alles übersteigt: Wenn ich in den Sprachen der Menschen und Engel redete, hätte aber die Liebe nicht, wäre ich dröhnendes Erz oder eine lärmende Pauke. Und wenn ich prophetisch reden könnte und alle Geheimnisse wüsste und alle Erkenntnis hätte, wenn ich alle Glaubenskraft besäße und Berge damit versetzen könnte, hätte aber die Liebe nicht, wäre ich nichts. Und wenn ich meine ganze Habe verschenkte, und wenn ich meinen Leib dem Feuer übergäbe, hätte aber die Liebe nicht, nützte es mir nichts.
Die Liebe ist langmütig; die Liebe ist gütig. Sie ereifert sich nicht; sie prahlt nicht; sie bläht sich nicht auf. Sie handelt nicht ungehörig, sucht nicht ihren Vorteil, lässt sich nicht zum Zorn reizen, trägt das Böse nicht nach. Sie freut sich nicht über das Unrecht, sondern freut sich an der Wahrheit. Sie erträgt alles, glaubt alles, hofft alles, hält allem stand. Die Liebe hört niemals auf. Prophetisches Reden hat ein Ende, Zungenrede verstummt, Erkenntnis

vergeht. Denn Stückwerk ist unser Erkennen, Stückwerk unser prophetisches Reden; wenn aber das Vollendete kommt, vergeht alles Stückwerk.
Als ich ein Kind war, redete ich wie ein Kind, dachte wie ein Kind und urteilte wie ein Kind. Als ich ein Mann wurde, legte ich ab, was Kind an mir war.
Jetzt schauen wir in einen Spiegel und sehen nur rätselhafte Umrisse; dann aber schauen wir von Angesicht zu Angesicht. Jetzt erkennen wir unvollkommen; dann aber werden wir durch und durch erkennen, so wie ich auch durch und durch erkannt worden bin.
Für jetzt bleiben Glaube, Hoffnung, Liebe, diese drei; doch am größten unter ihnen ist die Liebe.«

*Nancy G., 27 Jahre*

## MEIN ERSTES GEBET

Im letzten Monat hat sich das Ereignis, das mich auf den Weg zu Gott geführt hat, nun schon zum vierten Mal gejährt.
Interessiert war ich allgemein an Religion schon immer. Und als kleines Kind habe ich mir insgeheim oft gewünscht, an einen Gott glauben zu können. Auch als ich älter wurde, war dieser Gedanke noch wach in mir, und ich suchte in der Schule absichtlich Kontakt zu christlichen Mitschülern. Richtig angenährt habe ich mich dabei besonders an ein katholisches Mädchen, als meine Klasse nach Rom auf Klassenfahrt reiste. Die vielen Kirchen dort beeindruckten mich zwar, aber ich konnte mit den vielen Symbolen des Glaubens wenig oder gar nichts anfangen. Wichtig war der Besuch in Rom für mich nur, weil ich dort dieses Mädchen kennen lernte. Auf der Rückfahrt nach D., meinem Heimatort, hielten wir für einige Stunden in Florenz, wo ich mit dem Mädchen die Stadt erkundete. Unter anderem besichtigten wir auch die Kirche »Santa Maria del Fiore«, die für mich zum schönsten und wichtigsten Ort der Welt wurde. Was dort drinnen geschah, lässt sich nicht in Worte fassen, und es kommt selbst mir vor wie ein Traum. Ich weiß nicht, was passierte oder wie. Alles was ich weiß, ist, dass ich, bevor ich diese Kirche betrat, Atheist war, und als ich wieder heraustrat, ein an Gott glaubender Mensch geworden war. In dieser Kirche gab es Halter für Opferkerzen. Das Mädchen erklärte mir, das ich eine Kerze anzünden und Gott dabei um etwas bitten könnte. Das wollte ich aus irgendeinem Grund auch. Ich nahm eine Kerze, zündete sie an und hatte keine Ahnung, warum ich Gott bitten sollte. Denn er existierte für mich bis dahin

gar nicht. Ich blickte mich um und erblickte ein verliebtes Pärchen. Ich war erst 15 und für Verliebte zu bitten, schien mir eine wichtige Angelegenheit zu sein. Das war mein erstes Gebet: Ich bitte Dich für alle Verliebten. Natürlich war ich nicht sofort christlich und erst recht nicht katholisch. Aber ein Anfang war getan.

Seitdem ist viel Zeit vergangen und ich habe Hunderte von Gotteserfahrungen gemacht. Schließlich fand ich über viele stundenlange Gespräche, Gebete und innere Ruhe zur katholischen Kirche und entschied mich für die Taufe. Heute studiere ich katholische Religion auf Lehramt, weil ich den Drang dazu verspüre, Gott mit meinen Möglichkeiten in die Welt zu tragen. Dass mich in jeder Unternehmung mit dem Glauben auch Zweifel begleiten, hat mich bisher nicht abgeschreckt, weiter zu glauben und zu vertrauen, dass ich nicht auf dem Holzweg bin. Meiner Meinung nach ist ein fragender Glaube ein gesunder Glaube, weil er nicht auf Naivität, sondern auf Erkenntnis beruht.

**»Als kleines Kind habe ich mir insgeheim oft gewünscht, an einen Gott glauben zu können.«**

*Melanie E., 19 Jahre*

Wenn ich mich frage: »Wie war der Weg, der mich zum Glauben geführt hat?«, und je mehr ich darüber nachdenke, desto weiter gehe ich zurück in meine Kindheit nach Thüringen. Auf jeden Fall war es kein gerader Weg, nicht breit und gut sichtbar und – wenn man mein Elternhaus betrachtet – auch überhaupt nicht vorgezeichnet.

Die Großeltern waren aus sozialistisch-beruflicher Notwendigkeit fast alle aus der Kirche ausgetreten und meine Eltern bezeichneten sich als Atheisten, ohne sich wirklich damit gegenüber dem christlichen Glauben zu positionieren. Kein idealer Nährboden also, keine Chance für die schwer benennbare Sehnsucht eines Kindes. Und doch war sie, denke ich heute, von Anfang an da.

Und so machte ich mich auf die Suche. Mein Weg führte mich zuerst – ich war vielleicht vier und übernachtete bei meinen Großeltern – zum Rosenkranz meiner Oma. Ein faszinierendes Schmuckstück, dachte ich, und etwas ganz Besonderes. An ihrer Reaktion merkte ich, dass es wirklich so sein musste und so kam es, dass sie mir von Gott erzählte. Und darüber, dass man über so etwas nicht »draußen« spricht. Heute weiß ich, dass sie – als Lehrerin in der DDR mit einer schwierigen politischen Vergangenheit – nicht anders konnte. Damals machte es mich wohl einfach nur neugierig.

**»In mir wuchs der Wunsch, mich intensiver mit dem auseinanderzusetzen, was Gott für mich bedeutet.«**

Mein Weg führte mich weiter durch die straffe Organisation des ostdeutschen Bildungssystems. Ich war ein stolzer Jungpionier, ein noch viel besserer Thälmannpionier, eine sehr gute Schülerin und – es kam, wie es in diesem System kommen musste – ein angehender FDJ-Funktionär. Zur Kirche hätte ich überhaupt keine Bezugspunkte gehabt, wäre da nicht meine beste Freundin gewesen, die im christlichen Sinne erzogen wurde. Da sie sehr wenig über ihren Glauben sprach, beschränkte sich mein Kontakt zur christlichen Religion auf ihre Stunden im Religionsunterricht, von denen ich sie öfters abholte. Erst heute – wir sind immer noch sehr gut befreundet – reden wir offen über Gott und unseren Glauben.

Die Jahre vergingen, ich widmete die meiste Zeit neben der Schule meinem Hobby, der Musik, und hinterfragte mit wachsendem Selbstbewusstsein zunehmend das System, in dem ich lebte, und dessen Bedeutung für mich. Es kam der Punkt, an dem ich wusste, dass ich diese Politik nicht bedingungslos befürworten kann, eine Einsicht, die mir schmerzhaft, aber mit allen Konsequenzen – auch für meine berufliche Zukunft – klar wurde. Meine jugendliche Naivität, lange wertvolle Gespräche mit meiner Mutter und Freunden und nicht zuletzt das tiefe Vertrauen, dass alles irgendwo seinen Sinn hat, halfen mir damals dabei, weiterzusuchen.

Doch ich kam noch lange nicht an. Schwesternlehre und -beruf erfüllten mich voll und die Geburt meines ersten Kindes erlebte ich als »Geschenk des Himmels«. Ich wählte eine katholische Kindertagesstätte für meine Tochter aus, weil die warmherzige und fördernde Erziehung

unter Leitung einer Schwester des Ordens mich sehr ansprach. Es folgte der Entschluss, die Kleine mit Hilfe des Kindergartens im christlichen Sinne zu erziehen und ihr später die Entscheidung zu überlassen, ob sie sich taufen lassen möchte.
Die Trennung vom Kindesvater und die Suche nach neuen beruflichen Möglichkeiten führten meine Tochter und mich weg von zu Hause, zum Studium nach H. Ein neuer Lebensabschnitt begann, mit neuen Freundschaften und zwei für meinen Glauben wichtigen Menschen: meinem heutigem Mann und einem Pfarrer. Keiner von beiden gab einen direkten Anstoß und doch gaben mir beide viele Ermunterungen und Denkanstöße, die mich meinen Glauben erkennen ließen.
Pfarrer P. begegnete ich erstmalig im Rahmen einer Ringvorlesung zur Palliativmedizin. Er griff mein Interesse für die Hospizarbeit auf und führte mich an die Betreuung Sterbender heran – und an ein ganz anderes Pflegen, als ich von meiner Arbeit als Krankenschwester kannte. Ein Ehrenamt, das nicht sein kann ohne die Frage nach dem »Danach«. Eine Frage, die zu Gesprächen über den Glauben, über Gott und über Jesus anregte. Rückblickend denke ich, dass es vor allem die Offenheit, die Unverbindlichkeit und die Ehrlichkeit P.s waren, die mich meinen eigenen Weg durch mich selbst erkennen ließen. Durch jede Form von Druck oder erkennbarer Missionierung hätte ich mich verschlossen. So hatte ich genug Zeit, Gespräche zu suchen, Fragen zu stellen und Antworten zu finden.
Ähnlich erging es mir mit meinem Mann und seiner Familie. Mit Aufrichtigkeit und Unkompliziertheit wurden meine Tochter und ich in die Familie integriert. Mein Mann betonte, dass nicht das bloße Christ-Sein für ihn wichtig ist, sondern das Als-Christ-Handeln. Diese Einstellung war für uns die Basis vieler Gespräche und letztlich auch unserer Beziehung. Kurz nach der standesamtlichen Trauung bekamen wir innerhalb eines Jahres zwei Jungen, die wir gern taufen lassen wollten. In mir wuchs nun auch der Wunsch, mich intensiver mit dem Leben des Jesus von Nazaret auseinanderzusetzen, mit dem, was Gott für mich und der Glaube an ihn mir bedeutet. Ich wollte meinem Mann gern vor Gott die Treue schwören und erbat mir die Zeit einer intensiven Vorbereitung, um nachdenken und darüber sprechen zu können.
Die Gemeinde meines Mannes, in der auch Pfarrer P. viele Jahre tätig war, lernte ich vor allem durch unsere Tochter kennen. Sie nahm hier am Religionsunterricht teil und bat uns, sie auch taufen zu lassen. Es war die Idee P.s, die Taufen der Kinder, meine Erwachsenentaufe und unsere Eheschließung in einem Familiengottesdienst zu feiern. So begannen wir, noch intensiver miteinander ins Gespräch zu kommen. Der plötzliche Tod von P. erschütterte uns sehr. Das, was er mir persönlich an Erfahrung und Bewusstsein schenkte, erfüllt mich noch heute mit großer Dankbarkeit. Und ein weiteres wichtiges »Geschenk« hinterließ er meinem Mann und mir: meinen Tauf- und Firmpaten. Ohne zu übertreiben, kann man sagen, dass es wohl nur wenige so bibelkundige, ehrliche und engagierte Christen gibt, wie diesen Mann. Das Leben des Jesus von Nazaret zog greifbar an uns vorbei, wenn dieser Mann aus den Evangelien berichtete, keine Frage war verboten und Hinterfragen ausdrücklich erlaubt. Mein Mann und ich kamen uns durch diese Gespräche sehr nahe (und mein Mann musste

erkennen, dass er einiges aufgearbeitet hatte, dessen Bedeutung ihm im Religionsunterricht nicht klar war). Auch zu unserem derzeitigen Pfarrer der Gemeinde entwickelte sich mit der Vorbereitung eine intensive, warmherzige Beziehung, sodass sich neben der Gewissheit, den richtigen Weg zu gehen, in mir auch der Wunsch verstärkte, in der Gemeinde zu Hause zu sein, die mich bereits mit offenen Armen aufgenommen hatte.
Die Gespräche, die Offenheit und die Zeit, die man mir gelassen hat, gaben mir Festigkeit und öffneten mein Herz und meine Sinne für den christlichen Glauben in der katholischen Glaubensgemeinschaft. Mein Weg bis hierher war lang und umständlich, der Entschluss ist lange gereift. Ich muss mich für meinen Entschluss bei niemandem rechtfertigen, entschuldigen oder bedanken, wenn ich auch voll Dankbarkeit für meine »Wegbegleiter« bin. Mein Weg wird weitergehen, und sicher werden Höhen und Tiefen wechseln. Doch egal, was auch kommt – ich weiß, ich werde auf keinem Weg allein sein.

*Christiane L., 35 Jahre*

Ich bin von 1947 bis 1963 in einem staatlichen Kinderheim aufgewachsen und wurde atheistisch erzogen. Der Glaube war mir stets fremd und nicht diskutabel. Während meiner Urlaubsreisen in das damalige sozialistische Ausland (Polen, Ungarn, Slowakei) hatte ich dann plötzlich das Bedürfnis, bewusst Kirchen aufzusuchen. Ich war neugierig und wollte einfach wissen, ob und inwieweit der Glaube es vermag, Menschen zu verändern. Ich habe beobachtet, dass die Gläubigen gern in die Kirche gingen und freudig, ja sogar erleichtert die Kirche nach dem Gottesdienst verließen. Der erste Besuch eines Gottesdienstes wurde für mich wie eine »Reise in eine andere Welt«. Es war beeindruckend zu erleben, dass die Menschen in gemeinsamen Gebeten und kirchlichen Gesängen ihre persönlichen Sorgen und Wünsche Gott anvertrauten. Ich habe es dann einfach mit klopfendem Herzen auch einmal versucht und verspürte plötzlich ein Gefühl der inneren Ruhe und Geborgenheit. Ich überdachte mein bisheriges Leben und hatte zum ersten Mal die Vermutung, dass mich Gott schon immer begleitet und getragen hat. Später habe ich immer wieder Kirchen aufgesucht, um die Atmosphäre auf mich einwirken zu lassen – und es tat meiner Seele gut.

**»Ich war neugierig und wollte einfach wissen, ob und inwieweit der Glaube Menschen verändern kann.«**

Mein jetziger Mann kommt aus einer katholischen Familie. Ich habe gemeinsam mit den Familienmitgliedern buchstäblich über »Gott und die Welt« diskutiert. In dieser Zeit ist aus Neugier allmählich Glauben gewachsen. Seit 1999 nehme ich nun regelmäßig an den katholischen Gottesdiensten teil, und aus jeder Predigt nehme ich eine Botschaft für mich mit nach Hause. Für mich gestaltete sich die Teilnahme an den Gottesdiensten zunehmend zum wichtigen Beginn der neuen Woche mit Gott, mit Gebeten und Gesprächen. Ich spürte plötzlich, dass Gott für mich immer mehr Vater, Freund und Ratgeber wurde. Und was von besonderer Bedeutung für mich war: Ich hatte begriffen, dass er der Schöpfer allen Lebens ist und auch mich ins Leben gerufen hat. In mir hat sich die Liebe zu Gott und zugleich eine Ehrfurcht vor seiner Größe und Stärke entwickelt.

Für mich war es nun wichtig, meine Lebensinhalte neu zu definieren. Ich berichtete auch im Kreise meiner Mitarbeiter über meine Erfahrungen mit dem Glauben und war zu meinem Erstaunen nicht traurig, wenn ich belächelt wurde. Gott hat mich stark gemacht, dass ist mir dann so bewusst geworden. Ich habe intensiv begonnen, mein Leben auf den Glauben auszurichten und wollte nun nach Gottes Geboten leben. Um die Liebe Gottes zu empfangen und zu erfahren sowie öffentlich bekunden zu können, wollte ich die Taufe als Neuanfang für mein Leben erfahren. Mit der Unterstützung meiner Familie habe ich im Jahr 2000 einen Geistlichen gefunden, der mich im Rahmen des Erwachsenen-Katechumenats auf die Taufe, die Feier meines Lebens, vorbereitete. Pater M. hat mich intensiv dabei unterstützt, meinen Glauben zu vertiefen. Er hat mich befähigt, mich selbst zu hinterfragen, ob ich wahrhaftig für ein Leben mit Gott bereit bin.

In der Vorweihnachtszeit 2000 habe ich dann mein ganz persönliches Glaubensbekenntnis aufgeschrieben: Zu Beginn ist der Glaube wie ein Daunenkissen – ich lasse mich hineinfallen und verspüre ein wohliges Gefühl. Die Seele kommt nach vielen Jahren des Kämpfens zur Ruhe, und ich sehe in der Ferne ein kleines Licht. Dann hatte ich begriffen, dass diese kleine Flamme der Beginn einer neuen Wertung meines Lebensinhaltes war. Und plötzlich wusste ich: Dieses Licht ist Gott. Er hat mich einfach aufgehoben und mir bewusst gemacht, dass er auch für mich ein starker und verlässlicher Partner sein wird. Ich habe Vertrauen zu ihm gefasst und begann, ihm von mir zu berichten. Er hat nicht widersprochen, und ich bekam auch keine Schelte. Durch die Wärme, die mich im Zwiegespräch mit ihm beseelte, wusste ich: Gott kennt mich schon lange. Er hat gespürt, dass ich im Kampf um die Wahrheitsfindung ganz allein zu ihm finden werde – und er hatte recht. Das war für mich die Entstehung eines tiefen Glaubens und gleichzeitig ein Gerufen- und von nun an Geführtwerden von Gott. Und plötzlich hatte ich den Wunsch, den Glauben mit Taten zu untersetzen und ihn nie wieder beiseite zu schieben. Ich möchte sein Leben in der Gemeinde erfahren. Die Gespräche mit Gott gehören für mich zum Alltag, und das ist gut so. Er verleiht mir Kraft, bei negativen Dingen nicht in einen Abgrund zu fallen und hilft mir, bei positiven Erfahrungen nicht überschwänglich zu reagieren. Gott hat mich befähigt, meine Lebensinhalte neu zu überdenken und auch dadurch meinen Glauben vertieft. Ich bin ihm sehr dankbar, dass er mich befähigt hat, ihn in vielen Dingen des täglichen Lebens zu erkennen und ihm zu begegnen.

Im Juni 2001 habe ich in der katholischen Kirche St. J. das Sakrament der Taufe erhalten. Ich gehöre dieser Kirche gern an, weil ich in der sonntäglichen Eucharistiefeier gemeinsam mit der Gemeinde immer wieder an das Leben und Leiden Christi erinnert werde, seine Auferstehung festlich begehen kann, aber auch zum Nachdenken über den Sinn seiner Gebote und ein Leben mit ihnen angeregt werde.

Menschen, die den Glauben erleben möchten, oder bereits Getauften möchte ich vor allem sagen, dass Gott nicht dafür zuständig ist, meine Wünsche zu erfüllen und dass er nicht für persönliche Niederlagen und Lebenskrisen verantwortlich gemacht werden darf. Tägliche Gespräche mit ihm und Gebete sind sehr wichtig. Es ist befreiend und auch zugleich ehrlich, wenn man ihm immer wieder dafür dankt, dass er uns so viele schöne Stunden gemeinsam mit ihm geschenkt hat. Von ganz besonderer Bedeutung ist auch der Besuch von kirchlichen Stätten und Veranstaltungen, um den Glauben zu entwickeln bzw. ihn lebendig zu halten, ihn zu vertiefen oder gar zu erneuern.

*Gislinde K., 60 Jahre*

An den Taufbewerbergottesdienst im Roncalli-Haus Magdeburg erinnere ich mich gern. Es war für meine Familie und mich ein besonderer Tag mit neuen Glaubenserfahrungen. Die Zeit der Taufvorbereitung bis hin zur Taufe in der Osternacht 2004 stellt für mich eine ganz besondere Zeit in meinem Leben dar. Eine bewegende Zeit, eine Zeit des »Sich-auf-den-Weg-Machens«, des Aufbruchs, eine Zeit voller Fragen, auch Zweifel, voller Freude, eine Zeit für die ich zutiefst dankbar bin – auch gegenüber meinen Wegbegleitern. Ich habe deshalb einige Gedanken aufgeschrieben.

Mein Name ist S. L., ich bin 43 Jahre alt, berufstätig, Mutter zweier erwachsener Söhne. Mit meinem Mann bin ich 24 Jahre verheiratet. Durch ihn kam ich in die Gemeinde St. P. in D. Ich komme aus einer Familie, die vor meiner Geburt evangelisch war. Einige Verwandte sind es auch noch heute. Was heißt »war«? Meine Erfahrungen mit meiner Familie zeigen bis heute: Die Taufe kann man nicht einfach abschütteln. Getauft ist getauft. Aber irgendetwas war schief gelaufen; meine Familie hatte sich von der Kirche entfernt. Meine Eltern wollten wohl alles anders machen. Meine Schwester und ich waren die ersten Kinder in der neuen Generation, die nicht getauft wurden. Sehr zum Leidwesen meiner Omas. So wuchs ich auf wie viele in der damaligen DDR. Ich war Pionier und später in der FDJ und ging zur Jugendweihe. Obwohl der Kontakt zur Kirche abgebrochen war, ihren Glauben hatte meine Oma nie aufgegeben. Zu ihr hatte ich eine sehr innige Beziehung. Mit Omi konnte man über alles reden, über Gott und die Welt. Dieser Gott, wenn es ihn gibt, soll alles erschaffen haben. Die wunderbare Erde, die Tiere, die Pflanzen, die Natur, die ich so mag. Ja, da gab es etwas, es lag in der Luft, etwas, was ich gern begriffen hätte ... Ich war neugierig geworden ... Ich hatte ja auch Klassenkameradinnen, die zur Kirche gingen. Ich wusste, dass sie manchmal auch nicht so gern hingingen, aber etwas musste doch daran sein! Die kirchlichen Feiertage waren doch wohl kein Überbleibsel aus alter Zeit? Wie freute ich mich jedes Jahr aufs Neue auf Weihnachten ... Hatten die Texte in den Liedern nicht einen Ursprung, einen Sinn? So machte ich mich mit meiner Freundin auf den Weg in eine Kirche, eine evangelische Kirche. Wir wollten es wissen ... (auch ihre Familie ging nicht mehr zur Kirche.) Es war in der Weihnachtszeit. Der Gottesdienst hat uns in seinen Bann gezogen. Alles war so feierlich, so neu, so anders ... Wir hatten so viele Fragen – aber es fehlten die helfenden Hände. Oder wollten wir nur schnuppern?

**»Ja, da gab es etwas, es lag in der Luft, etwas, was ich gern begriffen hätte.«**

Zu jener Zeit erkrankte mein liebe Oma. 5 Jahre zuvor wurde sie operiert. Diagnose: Brustkrebs. Jetzt hatten sich Metastasen in ihrem Körper ausgebreitet. Sie wurde behandelt. Nach kurzer Zeit schien alles gut zu werden; sie blühte auf; dann aber zeigte sich die Krankheit von ihrer schlimmsten Seite ... Oma muss es schon lange gespürt haben. Sie wollte uns nicht einfach so zurücklassen ... (uns – meine jüngere Schwester und mich, ich sollte ihr später, wenn sie alt genug ist, alles erklären). Wir sprachen über alles, auch über ihre stetig wachsenden Schmerzen sowie über die Mediziner, die keinen Rat mehr wusste, über die Gnade, gehen zu dürfen, über eine gute Todesstunde … über unsere Trennung. Wenn ihr Herz aufhören wird zu schlagen, wird sie keine Schmerzen mehr erdulden müssen, sagte sie. Sie sei zuversichtlich, sie gehe dann heim zum Vater in die Ewigkeit. Sie geht uns nur voraus … Ich musste ihr versprechen, nicht ewig zu weinen. Trauer sei wichtig, aber die Traurigkeit darf nicht die Oberhand in meinem Leben gewinnen. Wenn ich einen Platz in meinem Herzen für sie lasse, würden wir immer miteinander verbunden sein … Oma hatte sich ihre Worte gut überlegt. Welche Kraft muss es sie gekostet haben! Sie, diese lebensbejahende, fröhliche Frau, die noch so vieles mit uns erleben wollte … Welche Zuversicht! Sie war dankbar für die wunderbare Zeit, die wir miteinander verbracht hatten – und ich bin es auch! Die Krankheit zog sich noch viele Monate hin. Das Morphium reichte kaum aus, ihre unerträglichen Schmerzen zu lindern. Oma hatte ein starkes Herz, sie war bei klarem Verstand bis zur letzten Stunde. Am 2. Weihnachtsfeiertag 1975 hörte das Herz dieser wunderbaren Frau auf zu schlagen … Der tiefe Sinn unserer Gespräche nahm für mich nach ihrem Heimgang Gestalt an. Einiges habe ich wohl erst Jahre später begriffen … In meinem Herz hatte ich Platz für sie gelassen. Irgendwann muss Gott auch mit eingezogen sein … Zugelassen, Ja gesagt zu Gott, habe ich aber erst 29 Jahre später. Ihr Name, P., ist mein Firmname. Meine Eltern, welche in der Osternacht dabei waren, freuten sich über die Wahl meines Firmnamens, welchen sie erst in diesem Augenblick erfuhren. Es bedurfte keiner Worte.

Bis zur Osternacht 2004 vergingen noch viele Jahre. Ich lernte meinen Mann kennen, verliebte mich – aber er war nur katholisch zu haben. Dass er katholisch war, gab er nicht gleich zu erkennen; als ich es erfuhr, dachte ich: »Ach du meine Güte, die nehmen es doch so genau, die rennen doch jedem Sonntag in die Kirche!« Neugierig war ich ja; also ging ich mit zur Messe, das erste Mal zu einem katholischen Gottesdienst. Ja, wie war das? Wieder war alles neu, ja fremd, aber auch faszinierend. Wieder stellten sich für mich Fragen, viele Fragen … Im Juli 1980 heirateten wir in der St. P.-Kirche. Für mich mit Genehmigung des damaligen Bischofs. Ich wollte mich nicht auf die Schnelle taufen lassen. Vielleicht würde mir die Zeit helfen, Augen, Ohren und Herz für Gott zu öffnen … Den Segen für unsere Ehe wollte ich schon gern erbitten.

Herr Propst P. hat meinen Mann und mich ermutigt, an einem Familienkreis teilzunehmen. Wir waren junge Ehepaare, die 1980 geheiratet hatten. Gemeinsam mit ihm haben wir viele Themen behandelt, die für uns wichtig und hilfreich waren, u. a. auch für die christliche Erziehung unserer Kinder. Durch unseren Familienkreis und durch unsere Kinder habe ich mich in der Gemeinde engagiert und fühlte mich angenommen. Als im letzten Jahr die Namen der Taufbewerber vermeldet wurden, waren viele erstaunt, als mein Name genannt wurde. Dem Entschluss, mich taufen zu lassen, ging ein langer Reifeprozess voran. Mehrfach wurde ich gefragt, weshalb ich mich nicht schon früher zur Taufe entschlossen habe. Ich denke, ich habe die Zeit einfach gebraucht. Ich war immer auf der Suche nach Gott, ich spürte, dass da was ist … Da ich ein praktisch veranlagter Mensch bin, suchte ich nach Dingen,

die man festhalten kann, nach Beweisen und Erklärungen. Vielleicht bin ich auch besonders schwierig.
Irgendwann bin ich zu der Erkenntnis gekommen, man muss Gott wirklich finden wollen, ihn zulassen, ihm Vertrauen schenken. Wer vertraut, sieht mehr ... Beweise hatte ich eigentlich genug: die Menschen in dieser Gemeinde, die Familie, unser Familienkreis. Jeder hatte mich auf seine Art mitgetragen! Im Gottesdienst war ich schon lange keine »nur Zuhörerin« mehr. Er war mir wichtig geworden. Ein Leben ohne Gott, ohne Kirche, ohne Gemeinde konnte ich mir nicht mehr vorstellen. So war die Vermeldung, dass ein Glaubensgesprächskreis stattfinden würde, für mich eine glückliche Fügung, ein Wegweiser. Wir hatten bei unseren Gesprächen vorangestellt: »Alles ist offen!« Es war hilfreich für mich, mit anderen Menschen in Kontakt zu kommen, die Gott auf andere Weise erfahren hatten. Der Austausch hat jeden von uns weitergebracht. Selbst nach einem langen stressigen Arbeitstag war der Dienstagabend für jeden von uns etwas Besonderes. Ich kann nur jeden Fragenden ermutigen, das Gespräch zu suchen. Ich muss eingestehen, dass ich bei unserem ersten Treffen, beim Kennenlernen, noch nicht genau wusste, wie ich mich entscheiden würde ... Als dann die Frage anstand, wer sich taufen lassen möchte, kamen die Worte wie von allein aus meinen Mund: »Ja, ich möchte!« Ich hatte ja gesagt! Ich hatte das Gefühl, eine unsichtbare Hand hat mich angestupst ...
Am 8. Dezember haben wir vier Taufbewerber uns der Gemeinde im Gottesdienst vorgestellt und wurden in das Katechumenat aufgenommen. Unser Gesprächskreis, dienstags alle 14 Tage, war für mich immer ein wichtiger Treffpunkt. Eine Zeit guter Erfahrungen; ich bin dankbar, dass ich daran teilhaben durfte. Es war eine Zeit des »Sich-auf-den-Weg-Machens«, auf den Weg zur Taufe in der Osternacht 2004. Uns auf den Weg machen, unterwegs sein – ich denke, das werden wir bis ans Ende der Zeit.

*Simone L., 43 Jahre*

In der Osternacht 2004 wurde ich gefirmt – im Alter von 45 Jahren. Meine Geschichte beinhaltet also eigentlich nicht, wie ich zum Glauben kam, sondern eher, wie ich ihn wiedergefunden habe. Ich bin in N. geboren und aufgewachsen, einer kleinen Stadt von 35000 Einwohnern mit relativ hoher »Sozialkontrolle«. Meine religiöse Sozialisation war katholisch, sonntägliche Kirchgänge Usus. Darüber hinausgehenden Kontakt zur Gemeinde und besonders zur Jugend der Gemeinde gab es kaum. Religiöse Gespräche oder Diskussionen fanden zu Hause nicht statt. Ich ging wie alle anderen zur Kommunion, meine Firmung wurde jedoch versehentlich vergessen, da ich zu diesem Zeitpunkt zweimal im Kinderheim war. Meiner Mutter ist dieses Versehen nie bewusst gewesen.

Nach unserem Umzug nach W., im Alter von 16 Jahren, ließen auch die regelmäßigen, sonntäglichen Kirchenbesuche nach. Kontakt zur neuen Gemeinde wurde gar nicht mehr aufgebaut. Im Studium – weiterhin in W. – erfuhr ich von immer mehr Kirchenaustritten in meiner Umgebung. Meiner noch bestehenden Kirchenzugehörigkeit wurde häufig mit Unverständnis begegnet. Für mich war allerdings ein Austritt nie ein Thema, zumal ich mich des Eindrucks nicht erwehren konnte, dass dieser Schritt auf gewisse Art »chic« war. Für mich hätte er nicht gestimmt. Für mich war es keine Frage, dass es Gott gibt, und auch umstrittene Kirchenpolitik war keine Motivation zu diesem Schritt. Dennoch verkümmerte mein Kontakt zu Gott – gedanklich wie gefühlsmäßig. Sonntägliche Messen besuchte ich nicht mehr mit Ausnahme der Christmette. Hier genoss ich es am meisten, aus vollem Herzen Weihnachtslieder zu singen.

**»Für mich war es keine Frage, dass es Gott gibt.«**

Im Alter von 35 Jahren erkrankte ich am »Morbus Bechterew«, einer mit viel Schmerzen verbundenen Erkrankung des Bewegungsapparates, die in der Summe mit mehreren »Nebenerkrankungen« schließlich zur Berufsunfähigkeit als Lehrerin führte. Im Anfangsstadium jedoch wollte ich alles mir Mögliche tun, um meine körperliche und seelische Gesundheit wiederzuerlangen und damit auch meine Dienstfähigkeit zu erhalten. Ich begann neben rein körperlichen Maßnahmen eine 3-jährige Ausbildung zur »ganzheitlichen integrativen Atemtherapeutin«. In dieser Ausbildung gab es immer wieder Elemente verbunden mit Meditation und dem Bewusstmachen meiner Verbindung zu Gott. Das überraschte und befremdete mich zunächst. Irgendwann gelang es mir, mit dem Atem diese Verbindung herzustellen. Der Gedanke, dass Gott mit mir ist, war auf einmal fühlbar. Das war eine überaus berührende und beglückende Erfahrung. Ich war jedoch in dem Glauben, eine solche Erfahrung nur in diesem Rahmen, mit dem Atem und mit diesen Menschen machen zu können.

Im Alter von 40 Jahren kam ich »der Liebe wegen« nach D.

Im Alter von 41 Jahren wurde ich Mutter. Meine Tochter wurde katholisch getauft und begann im Alter von ca. 2 Jahren ihren Vater sonntags zur Messe zu begleiten. Für mich war das »freie Zeit«. Allerdings kam mehr und mehr das Bedürfnis, meinem Kind auch ein Beispiel zu geben, und so »überwand« ich mich, Mann und Tochter am Sonntag zu begleiten. Ich machte dabei die für mich überraschende Erfahrung, dass es hier »im Osten« Priester gab, die in der Lage waren, Kontakt zur Gemeinde herzustellen. Ich fühlte mich so angesprochen, dass ich gedanklich dabeiblieb, anders als früher, wo ich irgendwann meinen eigenen Gedanken nachgehangen war. Ich erlebte, dass es beinahe in jeder Messe ein Wort oder einen Satz gab, der mich anrührte und das Erlebte in meiner Ausbildung wachrief. (Am wichtigsten ist für mich der Satz: »... aber sprich nur ein Wort, so wird meine Seele gesund«, weil ich weiß, dass dieses Wort längst gesprochen ist und ich mich nur öffnen muss, es zu hören.) Es gab also noch einen anderen Rahmen, in dem für mich die Verbindung zu Gott fühlbar wurde. Mit vielen Gedanken, die in der Predigt auftauchten, hatte ich mich schon einmal beschäftigt. Ich genoss es, mich zu erinnern, und die Erinnerung war hilfreich für manche Hindernisse im Alltag.

Gerade hier im Osten, weit weg von meiner alten Heimat, von meinen Menschen und von meiner Landschaft habe ich oft das Gefühl, »alleine« zu sein. Ich hadere damit. Darüber wuchs der Wunsch, den Gedanken »ich bin nicht alleine« noch etwas tiefer in meinen Körper einzupflanzen, damit ich es nicht wieder zu schnell vergesse. Es wuchs der Wunsch, die Firmung zu empfangen und noch einmal »ja« zu sagen zu meinem Glauben. Im vorbereitenden Glaubensgesprächskreis der Taufbewerber bekam die Auseinandersetzung mit Glaubensfragen noch einmal eine andere Qualität. Auch in diesem Jahr nehme ich wieder daran teil, weil ich noch viele Fragen auf dem Herzen habe. Die Osternacht war ein sehr bewegendes Erlebnis, das in meinem tagelang schmerzgeplagten Körper für viele Stunden alle Schmerzen auflöste.

*Marita A., 46 Jahre*

## ICH FAND, WAS ICH IMMER GESUCHT HATTE

Meine Großmutter war eine gläubige evangelische Frau. Sie wohnte mit meinen Eltern und meinem Bruder zusammen. Sie hatte eine Bibel, aus der sie meinem Bruder und mir vorgelesen hat. Am Abend sang sie mit uns christliche Lieder und betete mit uns. An den religiösen Feiertagen nahm sie uns mit in die Kirche zum Gottesdienst. Meine Eltern sind nicht getauft worden. Sie durften uns nichts von Gott erzählen.

**»Der anfängliche Glaube an Gott aus meiner Kinderzeit wurde stärker.«**

Ich ging zehn Jahre zur Schule und studierte dann am Technikum in K. bis zum Jahr 1981. 1977 heiratete ich meinen ersten Mann M. Wir hatten einen Sohn D., geboren 1979. Ich arbeitete in meiner Heimatstadt als Ökonom bei einer Versicherungsgesellschaft. Mein erstern Mann hatte keine Beziehung zu Gott. Ich trennte mich von ihm und lernte eine neue Familie kennen. Ich heiratete aus dieser Familie meinen zweiten Mann V. im Jahr 1981. Unsere Tochter O. wurde 1982 geboren. Seine Familie und seine Verwandten glauben an Gott. Sie sind evangelisch, gingen jedoch nicht in die Kirche, weil sie zu weit entfernt liegt. Sie hielten zu Hause jeden Sonntag einen Gottesdienst. Sie lasen die Bibel, sangen christliche Lieder und beteten. Das sprach mich an. Der anfängliche Glaube an Gott aus meiner Kinderzeit wurde stärker.

Mein zweiter Mann und seine Familie sind Russlanddeutsche. In Russland war es üblich, dass evangelische und katholische Christen auf der Straße ihre Mitmenschen ansprachen und ihnen religiöse Literatur mitgaben. Ich habe Bücher über die katholische Kirche gelesen und auch solche in der Bibliothek ausgeliehen. Abends betete ich täglich die Gebete, die uns unsere Großmutter beigebracht hatte. Ich hatte immer größeres Interesse am Leben der katholischen Kirche. Bei uns gab es keine katholische Kirche. Die Mutter meines Schwiegervaters ist katholisch. Mit ihr habe ich mich oft und gern unterhalten. So lernte ich die katholische Kirche immer mehr schätzen und lieben.

Im Jahr 2003 übersiedelte ich mit meinem Mann und meiner Tochter nach O. Frau S. vom Caritasbüro in O., eine Russlanddeutsche, zeigte mir die katholische Kirche von O. Endlich fand ich das, was ich immer gesucht und gewollt habe. Jeden Sonntag gehe ich zur Kirche in die Heilige Messe und lasse mir – anstelle der Kommunion – das Kreuzzeichen auf die Stirn zeichnen. Wöchentlich nehme ich mit meiner Taufpatin, Frau H., als Dolmetscherin, am Taufunterricht teil. In mir wächst die Freude am Glauben an Gott und meine Freude auf die bevorstehende Taufe in der Osternacht 2005.

*Tatjana P., 44 Jahre*

## ICH HABE MEINEN WEG GEFUNDEN

Schon im Kindesalter hatte ich das Gefühl, dass der Herr mir sehr nahe ist, dass ich nicht allein bin und immer ein schützender Engel die Hand über mich hält. Meine Familie hatte keinen Bezug zur Kirche. Sie gab mir keine Möglichkeit, im christlichen Glauben aufzuwachsen. Ich ging oft allein zur Kirche; sie war und ist für mich ein Ort der Ruhe und des Nachdenkens. Meine Uroma sprach sehr oft vom und mit dem Herrn. Sie gab mir etwas von ihrem Glauben ab. Gott segne sie.

Kontakt zur katholischen Kirche bekam ich durch meinen Ehemann. Er ist in einer katholischen Familie aufgewachsen, und er lebt seinen Glauben. Er nahm mich mit zur Heiligen Messe. Ich fühlte mich wohl, obwohl mir alles fremd war. Durch den Ortswechsel von O. nach T. kannte ich niemanden; aber durch die Gemeinde fand ich schnell Anschluss. Ich begann, die Bibel zu lesen und meinem Ehemann Löcher in den Bauch zu fragen. Immer mehr hatte ich das Gefühl, meinen Weg gefunden zu haben. Durch die vielen Gespräche mit Pfarrer W. wurde mein Glaube immer stärker. Ich habe das Gefühl, dass ich dem Herr schon oft begegnet bin in meinem Leben. Mein Wunsch, die Taufe zu empfangen, wurde immer größer. Ich wollte richtig zur Gemeinde und zu Gott gehören. Durch die Taufe bin ich ein Kind Gottes und ich weiß, er wird meine Gebet erhören. Ich habe mich gemeinsam mit meinen beiden Kindern taufen lassen, um mit ihnen den Weg des Glaubens zu gehen. Sie sollen von Anfang an die wirklichen menschlichen Werte kennen lernen und die Welt in die richtige Richtung lenken. Ich arbeite in einem Pflegeheim und treffe dort auf viele Christen und Nichtchristen. Doch ich habe gelernt, dass die Menschen im Alter und am Ende ihres Lebens an den Herrn glauben, als letzte Hoffnung. Durch Andachten, die ich organisiere, versuche ich, den Menschen Gott nahe zu bringen. Oft halte ich Bibelstunden; dabei habe ich das Gefühl, der Herr ist in unserer Mitte. Unser Haus ist kein christliches Haus; doch durch meinen Glauben habe ich es geschafft, den Herrn zu uns zu holen. Vor allem die Sterbenden benötigen viele Gebete und Gespräche mit dem Herrn. Ich gelange oft an die Grenzen meiner Kräfte; doch dann gehe ich in die Kirche und spreche mit Gott. Er gibt mir Kraft und Mut weiterzumachen. Ich frage ihn in meinen Gebeten, warum es so viel Leid und so schreckliche Krankheiten gibt. Doch dann denke ich, der Herr weiß, was er tut, und es gibt bestimmt einen Sinn für sein Tun. Allen, die den Glauben suchen, kann ich nur sagen: Wer den Glauben wirklich leben möchte, wird ihn finden. Sie müssen nur auf Gott vertrauen.

**»Meine Uroma gab mir etwas von ihrem Glauben ab. Gott segne sie.«**

*Gabriele N., 29 Jahre*

Als Kind war meine Familie durch verschiedene Konfessionen geprägt. Dabei versuchten meine Eltern nicht, mich zu einem Glauben zu drängen. So wuchs ich im Wesentlichen atheistisch auf. Ich wusste zwar, dass einige Menschen an einen Gott glaubten, für mich selbst nahm ich diese Einstellung jedoch nicht an. Ich sah die naturwissenschaftlichen Gesetze als die Welt prägend an. Nach der Schule begann ich, Rechtswissenschaften zu studieren. Gerade in diesem Studium, wo ich es überhaupt nicht erwartet hatte, begegneten mir die Religionen. Ich lernte, dass die Religion des Einzelnen und der Gemeinschaft in unserem Rechtssystem eine besondere Stellung hat. So ist die Religionsfreiheit im Grundgesetz verankert und räumt den Menschen Rechte ein.

**»Mit wachsender Intensität stellte sich für mich die Frage nach meinem eigenen Glauben.«**

Da mich soziale Belange der Menschen besonders interessieren, spezialisierte ich mich im Studium auf Arbeits- und Sozialrecht. Gerade im Arbeitsrecht haben die Religionen eine ganz besondere Bedeutung. So muss ein Arbeitgeber auf den Glauben seiner Arbeitnehmer Rücksicht nehmen und andererseits muss ein Arbeitnehmer, der in einer kirchlichen Einrichtung arbeitet, sich entsprechend der Glaubensinhalte verhalten. Fasziniert von dieser Bedeutung des Glaubens begann ich, mich näher mit den Religionen zu beschäftigen. So las ich sehr viel über die Religionen, unterhielt mich mit Gläubigen verschiedener Religionen und besuchte Gottesdienste.

Der religiöse Glaube der Menschen beschäftigte mich so sehr, dass ich nach Abschluss des Rechtsstudiums das Studium der Religionswissenschaften aufnahm. Als ich meine juristische Ausbildung mit dem Referendariat fortsetzte, studierte ich Religionswissenschaften begleitend weiter. Erst als ich nach dem Referendariat Richterin wurde, musste ich das Studium aus Zeitmangel aufgeben. Während der gesamten Zeit der Beschäftigung mit den Religionen stellte sich für mich mit wachsender Intensität die Frage nach meinem eigenen Glauben. Dabei merkte ich, dass ich mich innerlich immer mehr dem christlichen Glauben näherte und mich mit dessen Geschichte und Inhalten identifizierte. Als Richterin begegnete ich dann oft Menschen in Ausnahmesituationen. Dabei bekam ich immer wieder mit, wie Einzelne Halt in ihrem Glauben fanden und wie ihr Handeln von christlicher Nächstenliebe beeinflusst war. Auch ich erlebte in dieser Zeit die Härten und Freuden des Lebens. Dabei merkte ich, dass mein Fühlen, Denken und Handeln inzwischen stark vom christlichen Glauben geprägt waren und ich innerlich eine starke Beziehung zur katholischen Kirche aufgebaut hatte.

Aus diesem Grund entschied ich mich, durch die Taufe selbst Christ zu werden. Ich wandte mich mit diesem Anliegen an unseren Gemeindepfarrer, der mich dann auf dem Weg zur Taufe begleitete. Auch nach einem Jahr Zivilrichtertätigkeit bot sich keine Möglichkeit, in der Arbeits- oder Sozialgerichtsbarkeit zu arbeiten. Deshalb und da ich die Zusammenhänge zwischen christlichem Glauben, Kirche und Recht, insbesondere Arbeitsrecht, weiter erforschen wollte, kündigte ich als Richterin. Daraufhin begann ich mit einer Doktorarbeit zum kirchlichen

Arbeitsrecht bei einem Professor, der von meiner Beziehung zur Religion und zum Recht angetan war. Kurze Zeit später empfing ich mit 27 Jahren die Taufe. Seither lebe ich als Christin und schreibe eine Arbeit zum kirchlichen Arbeitsrecht. Vor allem weil ich Religionswissenschaften studiert habe, stellt sich die Frage, warum ich gerade zum christlichen Glauben gefunden habe. Für mich ist das Besondere am christlichen Glauben die Beziehung Gottes zu den Menschen. In früheren Religionen waren »Gott« bzw. die »Götter« übermächtige, launische Wesen und der Mensch bestand ohne jeglichen Wert als Spielzeug dieser Götter. Im Christentum nimmt der Mensch eine ganz besondere Rolle ein. Er ist nach dem Ebenbild Gottes geschaffen. Die Beziehung Gottes zu den Menschen, wie sie das Alte Testament erzählt, ist einer Eltern-Kind-Beziehung gleich. Gott sorgt für die Menschen, und er liebt sie bedingungslos in jeder Situation. Dieses Wissen gibt mir im Leben ein Gefühl der Geborgenheit. Darüber hinaus ist der christliche Glaube die einzige Religion, in der Gott jetzt und hier gegenwärtig ist. Die meisten Religionen gehen davon aus, dass »Gott« die Welt geschaffen hat und seither nicht mehr auf der Erde war. Die Gläubigen warten auf eine in der Zukunft liegende Begegnung mit Gott. Wir Christen glauben daran, dass Gott durch seinen eingeborenen Sohn Jesus Christus auf die Erde zurückgekehrt ist und dass er durch Jesus Christus stets bei uns ist. In der Eucharistie erleben wir seine Gegenwärtigkeit auf besondere Weise. Wir Christen glauben, dass wir durch die Taufe mit dem Heiligen Geist erfüllt sind. Dadurch ist Gott seinen Gläubigen so nah wie in keiner anderen Religion.

Wenn ich gefragt werde, welche Anregungen ich anderen Menschen geben kann, die den Weg zum christlichen Glauben finden möchten, so kann ich sagen: Es ist das Wichtigste, dass jeder seinen persönlichen Weg zu Gott sucht und geht. Ich muss zunächst alles wissenschaftlich betrachten, um es verinnerlichen zu können. Andere finden an der Seite eines nahe stehenden Menschen, durch Kunst oder die Glaubensgeschichte anderer Menschen zum Glauben. Man sollte alle Fragen stellen, die einem auf dem Weg zum Glauben begegnen. Zu viele offene Fragen können den Weg erschweren und zum Aufgeben verleiten. Darüber hinaus sollte man eins nicht vergessen: So beeindruckend viele Dinge in der katholischen Kirche auch sind, insbesondere die Liturgie, alle Christen, auch Pfarrer, Bischöfe und der Papst sind in erster Linie Menschen. Sie haben Stärken und Schwächen. Auch das ist gottgewollt. Der tolerante, hilfsbereite und von Nächstenliebe geprägte Umgang damit macht das Christsein aus.

*Anja G., 29 Jahre*

## DAS GROSSE GANZE

Ich bin atheistisch erzogen wurden. Gott, Glauben und Kirche spielten bei uns keinerlei Rolle. Mein Vater war in seiner Jugend überzeugter Kommunist gewesen, und wenn auch diese Überzeugung dem real existierenden Sozialismus nicht unbeschädigt standhielt, so blieb doch eine erhebliche Religionsferne erhalten. Mein Wissen und mein Interesse an Kirche beschränkten sich auf den kulturellen Aspekt und auf das weit verbreitete Vorurteile einer merkwürdigen altertümlichen Institution, die die Entwicklung über Jahrhunderte unterdrückte und Menschen auf dem Scheiterhaufen verbrannte, d. h. im wesentlichen auf die Schlagworte Papst, Pille und Inquisition. Als ich älter wurde, beschäftigte ich mich dann immer häufiger mit Fragen nach dem Sinn des Ganzen. Warum existiere ich? Woher komme ich? Wohin gehe ich? Wie soll ich mein Leben gestalten? Was macht ein gelungenes Leben aus?

Nicht, dass mir meine Eltern keine Werte vermittelt hätten. Familie, Zusammenhalt, Freundschaft, Ehrlichkeit, Hilfsbereitschaft, das Akzeptieren der Meinungen anderer, ihrer Schwächen und Fehler und das Anerkennen des ganz persönlichen Wertes jedes Einzelnen wurden hochgehalten und ich verdanke dem viel. Es fehlte mir jedoch an einem Zusammenhang, an dem großen Ganzen. Ich suchte und fand nicht. In dieser Phase schloss ich Freundschaft mit einem Mädchen, das evangelisch war. Es war mein erster Kontakt mit einem Gläubigen, der auch bereit war, über seinen Glauben zu reden. Wir diskutierten ab und zu darüber und sie ließ sich von mir nicht von ihrem »albernen Aberglauben« abbringen. Ich war beeindruckt, jedoch weit davon entfernt, dies als etwas für mich zu empfinden. Es öffnete mir jedoch den Blick für diesen Bereich und ließ eine Bereitschaft zur Beschäftigung damit keimen.

Dann verliebte ich mich in einen gläubigen, praktizierenden Katholiken. Ich lernte seine Familie kennen, in der gelebter Glaube ganz selbstverständlich war. Für mich war es jedoch ein Kulturschock. Ich hatte noch nie zuvor eine Familie erlebt, in der ein Tischgebet zu jeder Mahlzeit gesprochen wurde, in der über den Glauben diskutiert wurde, in der regelmäßiger Gottesdienstbesuch selbstverständlich war und das Leben am Glauben ausgerichtet wurde. Ich begriff, dass unsere Beziehung nur eine Chance haben würde, dass ich meinen Freund nur verstehen würde, wenn ich mich mit diesem ihn prägenden Element beschäftigen würde. Ich warf alle Vorurteile über Bord und fing an, mich damit auseinanderzusetzen. Wir diskutierten über Gott, Glauben und Kirche. Ich besuchte mit ihm einige Gottesdienste und fühlte mich dabei sehr unbehaglich, als sei ich unter Vortäuschung falscher Tatsachen dort. Mit zunehmender Gewöhnung verschwand dieses Gefühl und ich konnte mich auf das konzentrieren, was dort vermittelt wurde. Zusätzlich erlebte ich das familiäre Glaubensleben mit und begann mich zu fragen, ob dort der Sinn zu finden war, nachdem ich gesucht hatte. Ich erlebte ja, wie sinnstiftend der Glauben sein konnte, wie er stärkte und hielt. Ich fühlte in mir den Wunsch zu glauben, ja ich beneidete diejenigen, die in diesen Glauben hineingewachsen waren und war dennoch nicht überzeugt.

Einschneidendes Erlebnis war dann eine Bistumswallfahrt auf die Huysburg. In der Predigt verglich der Priester die Situation des gläubigen Menschen mit dem Eingeschlossensein in eine Eischale. Wir klopfen gegen diese Schale, die uns unzerbrechlich dünkt und fragen uns, ob außerhalb der Schale etwas ist, wir hoffen und glauben, dass dort noch etwas ist, dass das Innere der Schale nicht alles sein kann. Das war genau die Situation, in der ich mich befand. Ich fragte mich, ob noch etwas da ist, was Sinn gibt, ich hoffte, dass dort noch etwas ist und ich begriff, dass ich an dieses Etwas schon glaubte, dass dieses »Etwas« Gott ist. Diese Predigt war kein Damaskuserlebnis, aber dennoch sehr einschneidend. Sie ließ mich realisieren, dass ich auf der Suche nach Gott war und dass die Religion für mich nichts Entferntes, Fremdes mehr war, sondern durchaus eine, ja, die einzige Möglichkeit. Wo ließen sich außerhalb der Religion Antworten finden? Wissenschaft, Technik und die weit verbreiteten Ideologien hatten sich selbst diskreditiert und gaben ohnehin keine Antwort auf die letzten Fragen. Das Universum mag ja durch einen Urknall entstanden sein, aber woher kam die Materie für den Urknall? Bestärkt wurde dieser Eindruck noch durch die auf der Wallfahrt stattgefundenen Gesprächsrunden, die sich um Neugetaufte und ihren Weg zum Glauben drehten. Ich fand mich in diesen Erfahrungsberichten und Gefühlen wieder, so in dem Befremden, das eine junge Frau anfänglich bezüglich des fortwährenden Aufstehens und Setzens während des Gottesdienstes verspürte.

Nach der Wallfahrt begann ich, regelmäßig den Gottesdienst zu besuchen. Dieser regelmäßige Gottesdienstbesuch hat mich unendlich weitergebracht. Gott wurde dadurch zu einem regelmäßigen Begleiter meines Lebens. Das Gebet wurde zu einer täglichen Notwendigkeit, die Bibel zu einem interessanten Buch und die Fremdheit zu Vertrautheit. Die Gewissheit, dass Gott existiert und das dieser Gott ein persönlicher und liebender Gott ist, wuchs. Schließlich ging ich zum Pfarrer, um mich taufen zu lassen. Die Taufvorbereitung, bei der mich mein Freund und meine Patin begleiteten, bestand glücklicherweise nicht in einem Auswendiglernen des Katechismus, sondern im Glaubensgespräch und einem behutsamen Heranführen an die Sakramente, wichtige Gebete sowie das Glaubensbekenntnis. Meine Taufe in der Osternacht war schließlich eines der wichtigsten und einschneidendsten Erlebnisse meines Lebens. Es war sehr schön, sehr aufregend und ich spürte, dass etwas Neues begann. Seitdem versuche ich, meinen Glauben im täglichen Leben zu praktizieren. Dabei helfen mir besonders der regelmäßige Gottesdienstbesuch, der mir das Gefühl einer intensiven Begegnung mit Gott gibt und das Leben mit meinem Mann. Ich habe erlebt, dass Glaube durch die Zeit wächst und Sinn gibt, das Leben unendlich bereichert und in Entscheidungen leitet, ohne dass man etwas als Verzicht empfindet. Ich denke, dass dabei das alltägliche Erleben in der Familie, das Zusammentreffen mit anderen Gläubigen und der regelmäßige Gottesdienstbesuch die wichtigste Rolle spielen. Glaube allein im stillen Kämmerlein funktioniert nicht, er braucht Anregungen von außen, durch andere Menschen und den intensiven Kontakt mit Gott, den Gottesdienst und Kommunion geben. Ich bin dankbar, Gott gefunden zu haben und zu glauben.

**»Ich fühlte in mir den Wunsch zu glauben.«**

*Anja T., 26 Jahre*

## UN-GLAUBLICH – GOTT!

In den Erzählungen der Neugetauften über ihren persönlichen Glaubensweg liest sich heraus, wie Menschen mit Gott in Berührung kommen. Auf eine manchmal sehr direkte unmittelbare Weise. Ich wurde beim Lesen an einen Satz von Alfred Delp erinnert, den er am 17. November 1944 in seiner Zelle im Nazi-Gefängnis aufgeschrieben hat – vermutlich mit gefesselten Händen. »Innerlich habe ich viel mit dem Herrgott zu tun und zu fragen und dranzugeben. Das eine ist mir so klar und spürbar wie selten: Die Welt ist Gottes so voll. Aus allen Poren der Dinge quillt er gleichsam uns entgegen, wir aber sind oft blind. Wir bleiben in den schönen und bösen Stunden hängen und erleben sie nicht durch bis an den Brunnenpunkt, an dem sie aus Gott herausströmen. Das gilt ... für alles Schöne und auch für das Elend. In allem will Gott Begegnung feiern und fragt und will die anbetende, hingebende Antwort.«

Eingesperrt in eine enge Zelle, mit dem drohenden Hinrichtungstod kämpfend, hat Alfred Delp die Gottesfülle der Realität vor Augen. Das sind unglaublich starke Worte. Die Berichte der Menschen, die in diesem Buch von ihrem Weg zum Glauben erzählen, sind für mich wie ein erlebter Kommentar dazu (wenn auch verschieden intensiv und unterschiedlich zu gewichten). Einige dieser Zeugnisse sind mehr als eine Bestätigung für das, was Alfred Delp so bewegend schreibt, sie sind in manchem dem gleichrangig. »Die Welt ist Gottes so voll. Aus allen Poren der Dinge quillt er gleichsam uns entgegen ...«, diese Erkenntnis kommt einem vielgestaltig in den Berichten entgegen. Oft gebrochen und zunächst zaghaft suchend, dann aber doch so stark und tragend, dass es möglich wird, darauf das eigene Leben zu bauen. Und sie spielen keineswegs in einer heilen guten Welt, nur in schönen und glücklichen Lebenssituationen. Wie bei Alfred Delp ist die äußere Situation oft alles andere als glücklich, sondern eher schwierig oder sogar leidvoll und dunkel. Für eine ganze Reihe von Menschen sind dunkle, leidvolle Situationen geradezu der Ausgangspunkt, offen zu werden für ein Suchen jenseits der Oberfläche. Grenzerfahrungen machen ein Durchbrechen in neue Horizonte erst möglich.

»Die Welt ist Gottes so voll.« Manchmal ist diese Erkenntnis das Geschenk eines Augenblicks, z. B. unterwegs auf einer Reise in einer Kirche oder auf dem Friedhof bei der Beerdigung des eigenen Opas ... Bei anderen ist diese Erkenntnis das Resultat einer Entwicklung mit vielen kleinen Schritten, erfüllende Antwort nach vielem Fragen und Bohren und Suchen. Die Erkenntnis Gottes wird möglich durch das Erleben der überwältigend schönen Natur, z. B. beim Tauchen in der Welt des Meeres oder als das neugeborene Kind nach der schweren Geburt auf dem Bauch liegt. Da weiß eine Frau mit einem Mal, wem sie danken kann: Gott! Das Wahrnehmen der Wirklichkeit Gottes wird möglich durch die wohltuende und konkret hilfreiche Liebe von Menschen, die an diesen Gott glauben. Manchmal sind die gerade dann da, wenn die eigene Lage aussichtslos schien. Oder ein geliebter Partner, dem die Kirche und das persönliche Beten wichtig sind, führt hinein in eine bis dahin unbekannte Welt voller Wunder und Verheißungen. Dass Gott da ist, wird plausibel im Erleben von Gottesdiensten, in denen man sich vielleicht zunächst fremd fühlt und befremdet ist, wo aber doch

Geborgenheit und ein Frieden erfahrbar sind, wie sonst nirgendwo. Sehr wichtig wurde für einige dabei die Erfahrung von Gemeinschaft, die der Glaube an diesen Gott stiftet. Für andere ist es die Musik, die die Tür in die Welt des Glaubens zu öffnen vermag. Und das vor allem auch dann, wenn man diese Musik selbst mitgestaltet, in Chören oder Bands, man findet selber hinein in das Gotteslob. »Die Welt ist Gottes so voll«, diese Erkenntnis wird bei manchen gerade da möglich, wo die bisherigen Ziele und Orientierungen nicht mehr tragen. Das Unzufriedensein mit dem Leben, wie es ist, wird zum Ausgangspunkt für neues. Dann kommt die Frage auf: Es muss doch mehr als alles geben?!

## IMPULSE

Es gibt so viele verschiedene Wege und Zugänge zu Gott, wie es Menschen gibt, und jedes Mal ist es einmalig und beglückend, erschreckend und überwältigend, dem lebendigen Gott gewahr zu werden. Für uns, die wir im Glauben zu leben versuchen, sind diese Berichte bewegend. Sie sind voller wertvoller Impulse, eine echte Hilfe (»Das war mehr als fünf Predigten«, sagte zu mir ein Pfarrer über seine Erfahrung beim Taufbewerbergottesdienst). Aber sie sind auch eine starke Anfrage an unseren eigenen Glaubensvollzug. Darum soll im Folgenden einiges Nachdenkenswerte noch ein wenig näher betrachtet werden.

*»Auf krummen Wegen ...«*
Gott vermöge auch auf krummen Linien gerade zu schreiben, hat der französische Poet Paul Claudel, selbst als Erwachsener zum Glauben gekommen, einmal gesagt. Woraus sich bei Menschen der Glauben entwickelt, und welche verschlungenen Wege es braucht, dass sie Gott finden, das ist sehr erstaunlich. Und zugleich völlig unverfügbar.
Das kann viel Hoffnung geben. Denn es zeigt, dass es viel mehr Suchen und Fragen nach Gott gibt, als man aus der Perspektive innerhalb von Kirchenmauern vermutet. Wie viel mehr Menschen mit Fragen und so ehrlichem Suchen mag es geben? Nicht alle werden dabei dahin kommen, dass sie sich taufen lassen. Aber vielleicht gibt es viel mehr Menschen, die mit Gott leben, vielleicht ohne dass sie es so nennen. Und wie viel mehr Gebet mag es geben, als Menschen in die Kirche gehen? Jemand hat das mal so gesagt: »Das Herz des lieben Gottes ist viel größer als die Arme der Kirche.« Das drückt diese Hoffnung gut aus.
Und eine andere Glaubenserfahrung zeigt sich ebenfalls hierin. Carlo Carretto hat gesagt: »Wann immer ich Gott zu einem Menschen bringen wollte, war er schon da.« Wir können solche Such- und Frageprozesse wohl am ehesten begleiten, indem wir selber neu suchen und fragen nach Gott, inmitten unserer säkularen Welt. Diese Suche beinhaltet eine bestimmte Sicht auf die Menschen, die uns begegnen: Es gilt, sie wahrzunehmen als Menschen mit einer großen Sehnsucht und Suche, die darin – meistens unbewusst – nach Gott fragen. Und oft genug geht es dabei um das Überwinden echter Not. Da können sich neue Möglichkeiten im

Umgang mit Schuld und dunklen Erfahrungen öffnen, da können sich Wege zeigen, die aus schlimmen Sackgassen herausführen. Da lösen sich Ängste und Verkrampfungen, da beginnen Menschen, die Existenz eines persönlichen Gottes nicht mehr für ganz undenkbar und unmöglich zu halten.
Für uns sind dies Menschen, die Gott liebt und die Er finden will. Und nicht nur theoretisch, sondern erfahrbar und erweisbar in ihrem Leben.

*Heil und Heilung*
Die Französin Madeleine Delbrêl ist eine der beeindruckendsten Zeuginnen unseres Gottes im vorigen Jahrhundert. Sie hat lange Jahre in einem kommunistisch geprägten Vorort von Paris gelebt, und dies bewusst als Christin. Von dort hatte sie einen scharfen Blick auf das kirchliche Leben. Einmal schrieb sie: »Wenn wir von Gott reden, bereden wir eine Idee, statt eine erhaltene, weiterverschenkte Liebe zu bezeugen ... Wir verteidigen Gott wie unser Eigentum, wir verkünden ihn nicht wie das Leben des Lebens, wie den unmittelbaren Nächsten alles dessen, was lebt. Wir sind keine Erklärer der ewigen Neuheit Gottes, sondern Polemiker, die eine Weltanschauung verteidigen, welche überdauern soll.« Daraus spricht eine große Erfahrungsarmut, eine innerkirchliche Ferne von Gott. Und leider ist diese Beobachtung auch bei uns zu machen.
In den Berichten der Neugetauften ist es genau umgekehrt. Es geschieht dort immer wieder, dass die Einzelnen es als großes Glück beschreiben, dass sie glauben können. Sie erzählen, wie der Glaube ihnen hilft, ihr Leben zu bewältigen, wie er dem Leben Halt und Profil gibt. In manchen der Berichte werden wir darauf gestoßen, wie nahe im Evangelium Heil und Heilung sind, wie sehr den Menschen in der Begegnung mit Jesus ganz konkret geholfen wird. Wenn das Himmelreich bei einem Menschen anbricht, dann sind leibliches und seelisches Wohl untrennbar beieinander. Der Glaube ist jetzt konkret oder er ist gar nicht. Und er ist wirklich eine Kraft, er hilft weiter und vermag das Leben von Menschen zu verändern. Das es so ist, kann man in einigen der Berichte mit Händen greifen: »Dein Glaube hat dir geholfen.«

*Die kirchliche Gemeinschaft*
Das Erfahren von Gemeinschaft im Leben einer Gemeinde ist für viele der Neugetauften ein ganz wichtiger Impuls gewesen. Und sie suchen diese Gemeinschaft als Halt und Orientierung. Diese Gemeinschaft wird ihr neuer Lebensraum. Und sie brauchen die Christen in der Gemeinde als Stütze und Weggeleit und die Formen, die der Glaube als Ausdruck in den Traditionen, Riten und Zeichen gefunden hat. In diese Formen müssen sie ja erst hineinwachsen und dafür brauchen sie die Hilfe und die Geduld der Gemeindemitglieder. Und man darf nicht vergessen, dass viele Neugetaufte in ihrer Kernfamilie mit diesem Schritt, zu glauben und sich taufen zu lassen, allein dastehen. Um so mehr brauchen sie die Gemeinschaft der Glaubenden. Umgekehrt sind ihre Wege zum Glauben ganz wichtig für die, die schon als Kind getauft wurden. Denn in vielen Fällen ist es wohl so, dass solche Wege Schritte der Selbstaneignung sind, die von den schon lange in der Kirche Lebenden erst noch gegangen werden müssen.

Das sind wirkliche Fragen, die sich stellen: Würde ich mich taufen lassen, heute als erwachsener Mensch, wenn es im Kindesalter nicht mit mir geschehen wäre? Ist mir jemals Gott zu einem lebendigen überwältigenden Glück geworden? Ich bin kirchlich, aber wo ist mein eigener Glaube? Im Seniorenkreis einer katholischen Gemeinde hat einmal eine Frau gesagt: »Wir müssen aber auch glauben, was wir beten.« Das lässt eine innere Leere ahnen hinter dem selbstverständlichen Vollzug der Gottesdienste und des Kirchenjahres. »Und diese unerschütterlichen Gläubigen! Sie glauben an alles, an jede Zeremonie und jeden Brauch, nur nicht an den lebendigen Gott«, hat Alfred Delp voller Trauer und Zorn niedergeschrieben in seiner Gefängniszelle. Wir sind, gerade was die Weitergabe des Glaubens betrifft, an einen toten Punkt gekommen. Der Glaube gibt sich nicht mehr durch Herkunft weiter. Der berühmte Satz von Karl Rahner, dass der Christ der Zukunft ein Mystiker sein wird oder nicht mehr sein wird, meint gerade die persönliche Aneignung des Glaubens. Hierbei können die Neugetauften helfen. Denn sie zeigen uns auf, wie sehr selbstverständlich und gedankenlos wir mit manchem umgehen. Wir können von ihnen lernen, vieles neu als kostbar und als einen großen Schatz zu sehen, was wir in unseren Gemeinden tun und vollziehen. So ist ein gegenseitiges Lernen und Aneignen möglich und für beide Seiten auch nötig.

*Mission – Un-möglich?!*

Madeleine Delbrêl wurde einmal so charakterisiert: »Ihre Beschäftigung ist die wichtigste der Welt: mit einer Kinderschaufel Löcher in den trockenen Sand der großen Wüste menschlichen Elends zu graben, um unversiegliche Quellen aufsprudeln zu lassen: das Geschäft der Hoffnung.« Wer sich den Glauben persönlich angeeignet hat, der wird ihn an andere weitergeben wollen, und zwar als ein ganz selbstverständlicher Wunsch für die Mitmenschen. Denn ich bin ja kein guter Freund und Nachbar, wenn ich etwas, was mir als großes Lebensglück und Hilfe zuteil wurde, einfach für mich behalte. Wer da schweigt, der ist in Gefahr zu verschweigen. Zumal der Apostel Paulus sagt: »Alles, was ich empfangen habe, habe ich, damit es anderen nutzt!« In vielen Berichten wird dieser Wunsch ausgedrückt. Manchmal ist das so organisch in den Schreibfluss hineinformuliert, dass deutlich wird, dass ohne diesen Wunsch ein Glaube gar nicht echt ist.

Dabei kann Kleines schon kostbar sein, etwa die Schwellenangst vor der Kirche abbauen zu helfen durch gute Erfahrungen, die ein Mitmensch mit mir Christ macht. Das kann zum ersten Ansatzpunkt werden, wo sich die negative Außensicht auf die Kirche wandelt durch Inneneinsichten, die ganz anders sind.

In den Erzählungen kann man lesen, wie Christen, die ihren Glauben bezeugen, zum Wegweiser für Gott geworden sind. Es hat mich sehr berührt, als ich in einem der Berichte meinen Namen gefunden habe. Wichtig ist das Wissen darum, dass nichts zu erzwingen ist. Den Glauben schenkt Gott, wir können nur Wegbereiter sein, indem wir unseren Glauben bezeugen. Oder ihn einfach nur leben. Dies geschieht durch die eigene Haltung, durch wirkliche menschliche Zuwendung. Worte, mit denen jemand von seinem Glauben erzählt, sind fruchtbar, wenn sie Ausdruck der eigenen Haltung sind, wirkliche Zuwendung und Wertschätzung bedeuten. Ein Satz Mutter Teresas kann hier Orientierung geben: »Früher habe ich geglaubt, ich müsse die Menschen bekehren, heute weiß ich, ich muss sie lieben. Und die Liebe bekehrt, wen sie will.« Den Glauben kann man nicht erzwingen, aber vielleicht können die, die glauben, den Boden bereiten helfen. Und irgendwann, wenn die Zeit reif ist, fällt ein Wort oder eine Erfahrung in die Tiefe. Und dann wächst der so eingesäte Same Gottes und bringt reiche Früchte! Und es macht diesen Menschen glücklich.

Eine Beobachtung scheint mir dabei eine eigene Betrachtung wert. In den Berichten ist oft die Rede von Erinnerungen an Erfahrungen in der eigenen Kindheit. Zum einen deshalb, um uns Lesern mitzuteilen, welche Berührungen man schon mit Glauben und kirchlichem Leben hatte im bisherigen Leben. Aber an einigen Stellen klingt auch durch, dass da Anknüpfungspunkte lagen für den jetzt erwachsenen Weg zum Glauben. Nicht, dass diese Erfahrungen allein schon die Kraft hatten, zum Glauben zu führen, aber sie haben den Boden bereitet. Sie haben das Herz schon einen Spalt geöffnet, sodass der Heilige Geist im Erwachsenenalter einen Weg in das Herz dieser Menschen finden konnte. Es ist wohl so, dass es heute kein so bruchloses In-den-Glauben-Finden von Kind an mehr gibt als vielleicht früher. Aber die Erfahrungen der eigenen Kindheit sind dennoch wertvoll. Da war eine Oma, bei der immer gebetet wurde. Das wurde vielleicht in der Tragweite gar nicht verstanden. Aber die Oma war wirklich lieb und es war schön. Da hatte ein Pfarrer ein offenes Herz und man konnte Tischtennisspielen kommen, wenn man wollte. Oder wurde hereingeholt zu den anderen Kindern, die gerade Religionsunterricht hatten … Ein sensibler Umgang mit Kindern und ein bewusstes Eingehen ist von großer Bedeutung. Und wenn ich wirklich an ihn glaube, dann darf ich ihnen auf eine angemessene Weise auch von meinem Gott erzählen. Gilbert Keith Chesterton soll gesagt haben: »Das ist der einzige ewige Sinn jeder Erziehung: Von einer Sache so überzeugt zu sein, dass ich wage, sie einem Kind zu sagen.«

Wenn der Glaube Geschenk ist, dann kann er nur erbeten werden. Das Gebet für Menschen in der eigenen Umgebung ist ein Geschenk für sie. Es ersetzt die Nächstenliebe nicht, es vollzieht die Nächstenliebe vor Gott. Und öffnet einen selbst auch für die Nächstenliebe. Gott kann das Leben der Menschen erfüllen, für die ich bete.

Hören wir am Ende nochmals auf Madeleine Delbrêl: »Ich habe lange Zeit mit einem Kommunisten zusammengearbeitet. Er besaß weder eine christliche Vergangenheit noch ein christliches Gedächtnis. Eines Tages sagte er mir: ›Ich habe einen Christen gekannt, den ich nie vergessen werde. Einen außerordentlichen Menschen: Er nahm sich alles, was den anderen zustieß, zu Herzen; er sprach nie von seinen Sorgen und verteidigte sich nicht, wenn man ihm Böses antat.‹ Wer dieser Christ war, weiß ich nicht. Aber oft habe ich Gott für ihn Dank gesagt und tue es noch. Ich bitte Gott, mich ihm ähnlich zu machen, mich und viele andere.«

*Christian Vornewald*

*1. Stopfgans oder Heiliger Geist?*

Das Wort »Mission« ist seit geraumer Zeit »in«, angefangen von Sonntagspredigten über Verlautbarungen der Deutschen Bischofskonferenz bis hin zu Päpstlichen Rundschreiben. Wie es Modeworten ergeht, steht es in der Gefahr, zur Stopfgans werden. Jeder weiß anscheinend, was damit gemeint ist, Befürworter wie Gegner. Dabei haben wir inzwischen gelernt – oder sollten zumindest gelernt haben: Das Wort »missionarisch« ist nicht mehr ungefüllt und unerklärt zu verwenden. Es darf weder zum Totschlags- oder noch zum Überforderungswort verkommen. Das bedeutet: Weder müssen die zu Missionierenden befürchten, dass man sie vereinnahmen und ihnen etwas überstülpen will, noch soll sich eine missionarische Kirche mit dieser Aufgabe ungebührlich belastet und gnadenlos überfordert fühlen. Die mehr mit kühler Distanz als mit Worten geäußerte Ablehnung des missionarischen Aufbruchs lässt sich so zusammenfassen: »Was sollen wir denn noch alles tun? Wir können nicht einmal die eigenen Kinder im Glauben halten, da sollen wir uns noch um andere kümmern, die gar kein Interesse für Gott und die Kirche zeigen.« Da hilft es im übrigen überhaupt nicht weiter, auf die blühenden Katechumenatsbewegungen in den USA und Frankreich hinzuweisen: »Dort geht es doch auch!« Wir sind eben nicht Frankreich oder die USA, sondern Deutschland, genauer die neuen Bundesländer. Dass die stärkste Konfession der Ostdeutschen mit 75–80% der Bevölkerung die »hartnäckig Konfessionslosen« (Erhart Neubert) oder »religiös Unmusikalischen« (Eberhardt Tiefensee) sind, darin fühlen sich viele Christen durch ihre Erfahrung bestätigt. Es muss überraschenderweise festgehalten werden: Die vorliegenden Berichte widersprechen solch einer Total- und Pauschalbewertung unserer nichtchristlichen Mitbürger. Auch die von uns Christen vorgenommene einseitige Fremdbewertung, die nicht von der Eigenerfahrung der anderen, sondern allein von unserer Sicht ausgeht, sollte uns nachdenklich machen. Das führt zu einer ersten pastoralen Konsequenz: Wir müssen die »missionarische Stopfgans« schlachten, um der pfingstlichen Taube Raum zu geben: der Fülle des Heiligen Geistes.

*2. Sensus infidelium: der Glaubenssinn der Ungläubigen*

Un-Glaublich lernen: von Un-Glaubenden lernen? Vor dem Zweiten Vatikanischen Konzil (1962-1965) war es Lehre der Kirche, dass es zwei Orte der Glaubens-Erkenntnis gibt: die Bibel und die Tradition/Überlieferung der Kirche. Eine erfrischende Neuentdeckung – richtiger: Wiederentdeckung – war, dass ein dritter Ort hinzukommt: der Glaubenssinn des Gottesvolkes (sensus fidelium). Nehmen wir den Mund zu voll, wenn wir nun von einem vierten Ort der Gottes- und Welterkenntnis genauso begeisternd wie das Konzil sprechen: dem Glaubenssinn der Un-Gläubigen? Seit uns Gottes Geist gezeigt hat, auf wie vielfältige Weise er Menschen in den Weg des Glaubens und auf dem Weg des Glaubens führt, können und sollten wir nicht mehr die Forderung nach einer missionarischen Pastoral rein appellativ aufstellen, als ob wir noch am Anfang einer missionarischen Neuentdeckung stünden. Gott selbst belehrt uns durch die Neugetauften.

*3. Gott selbst ist der Missionar*

In den vorliegenden Berichten und aus den inzwischen ca. 200 Zeugnissen von Katechumenen bei den Zulassungsgottesdiensten von 1999 bis 2005 kehrt eine wichtige Erfahrung immer wieder: Irgendwann gab es bei jedem Neugetauften sozusagen einen kleinen Stups oder gar einen deutlichen Stoß von Gott. Irgendwie erinnert mich das an eine Szene von Mister Bean auf dem Zehnmeterbrett im Schwimmbad. Er probiert vieles, macht alle möglichen Verrenkungen. Aber immer wieder überkommt ihn Angst, fehlt ihm der letzte Mut. Bis eben einer nachhilft. Ein kleiner Junge tritt ihm auf die Hand, sodass er loslassen muss und ins Wasser mehr fällt als springt. Ernster und philosophisch tiefer begegnet uns diese Einsicht in der Philosophie des jüdischen Denkers Emanuel Levinas, dem ich tiefe Einsichten verdanke, auch wenn ich ihn nicht immer verstehe: Gott ist kein Einfall des Menschen, sondern Gott fällt in unser Denken, in unser Leben ein. Da begegnet uns in den vorliegenden Berichten, manchmal laut, manchmal leise, manchmal zwischen ein Zeilen sich verbergend das Wirken des Geistes Gottes, vor dem wir nur in Staunen, Ehrfurcht und Dankbarkeit innehalten können: »Unglaublich«! »So etwas haben wir noch nie gesehen!« »Dem Herrn will ich singen. Machtvoll hat er sich kundgetan«, wie wir nach jedem Bericht der Taufbewerber beim Zulassungsgottesdienst voller Überzeugung singen. Jede Bekehrung zum Glauben ist für den Betroffenen so etwas wie ein »Staatsstreich des Heiligen Geistes«. Ein »Staatsstreich des Heiligen Geistes« ist sie aber auch für Kirche, die nicht mehr an ihre missionarische Kraft glaubt. Doch bei Gott ist kein Ding unmöglich.

*4. Der »coachende« Dienst der Glaubenden*

Was damit gemeint ist, mag eine kleine Geschichte verdeutlichen: Wie bekommt man einen Esel, der partout nicht will, zum Trinken? Erstens: Man kann ihn prügeln. Zweitens: Man kann ihm so viel Salz zu fressen geben, dass er Durst bekommt. Beides sind hilflose und unzulängliche Mittel. Aber was kann man dann noch anderes tun? Man stelle ihm einen mit Lust trinkenden Artgenossen an die Seite. Und sofort wird er es ihm gleich tun. Glaube wird durch Glaubende geweckt. Da helfen keine raffinierten Methoden oder Werbetricks.

Kürzlich habe ich eine Karikatur in einem Buch entdeckt. Da sitzt jemand auf einer Bank und bittet Gott, ihm den Menschen zu zeigen, der der Mission am Dringendsten bedarf. In diesem Moment laufen zwei Arbeiter mit einem großen Spiegel vor ihm vorbei und er sieht darin sich selbst als den Menschen, der zuerst zu missionieren ist. Die Missionierung = Evangelisierung der anderen setzt die Selbstevangelisierung voraus. Begeistert aus dem Glauben lebende Christen, lebendige Gemeinden sind neben Gott als erstem Missionar unabdingbare Voraussetzungen für den Weg zum Glauben und im Glauben. Davon legen die Berichte dieses Buches ein beredtes Zeugnis ab. Es ist nicht nur der Hebammendienst am Anfang, sondern auch der begleitende coachende Dienst auf dem weiteren Weg. Ebenso wie ein Trainer eine Mannschaft und jedes einzelne Mitglied fordert und fördert, dass alle oft noch schlummernden Kräfte und Möglichkeiten (Charismen) geweckt und gelebt werden. Um andere begeistern zu können, muss er selbst begeistert sein. Der Gründer der Aktion

Sühnezeichen, Präses Lothar Kreissig, hat dies treffend als die »ansteckende Gesundheit« bezeichnet.

*5. Es gibt so viele Wege zu Gott, wie es Menschen gibt.*

Kardinal Ratzinger hat darauf aufmerksam gemacht, dass es so viele Wege zu Gott gibt, wie es Menschen gibt. Das wird bestätigt durch die Berichte der Neugetauften. Wenn bei den Zulassungsgottesdiensten zur Taufe in Anwesenheit des Bischofs die Katechumenen über das reden, was sie auf dem Weg zur Taufe motiviert hat, steht die Überraschung allen Gottesdienstteilnehmern sozusagen ins Gesicht geschrieben: die Überraschung darüber, wie vielfältig und unterschiedlich die auslösenden Erfahrungen, Motive und Hemmnisse auf dem Weg bis hin zur Entscheidung für die Taufe waren.
Für eine missionarische Pastoral heißt das, von der Weisheit der Fischer zu lernen. Das möge wieder eine kleine Geschichte verdeutlichen. In einer brasilianischen Basisgemeinde von Fischern stellte jemand die Frage: »Warum sucht Jesus einen Fischer wie Petrus aus, um ihm die Leitung der Kirche anzuvertrauen?« Die Antwort: »Wer sich zu Land bewegt, baut eine Straße und asphaltiert sie. Dann wird er immer wieder diesen Weg benutzen. Ein Fischer aber sucht die Fische dort, wo sie sind. Deshalb sucht er jeden Tag einen neuen Weg. Ihm kommt es darauf an, die Fische ausfindig zu machen. Es kann ja sein, dass der Weg von gestern nicht zu den Fischen von heute führt.« (In: Peter Hofacker, Mathias Wolf: Labyrinthe – Ursymbole des Lebens, Freiburg 2005, 135)

*6. Wahrnehmen, Ernstnehmen, Annehmen der örtlichen Situation*

Aus den jährlichen Treffen der Bistumsbeauftragten der Bundesrepublik für den Erwachsenenkatechumenat ist mir immer mehr die Einsicht aufgegangen, in wie unterschiedlicher Situation sich ehemalige DDR-Bürger im Osten Deutschlands und etwa im katholischen Bayern befinden. Da kann es in einer vom katholischen Glauben geprägten Umwelt schnell vorkommen, dass Kinder fragen, warum sie nicht auch zur Erstkommunion gehen können, wie (mit Ausnahme der Muslime) alle ihre Klassenkameraden. Arbeitskollegen wundern sich, wie man ohne Glauben aufwachsen und zurechtkommen kann. Religiöse Bräuche und Traditionen in den Städten und Dörfern laden ein zum Mittun. Wenn einer sich nicht ewig als Fremdling fühlen möchte, kann ihm der Glaube der Umwelt nach und nach immer selbstverständlicher werden. Im Osten aber gerät man in den Glauben hinein, sozusagen gegen den Strich. Angehörige und beste Freunde, denken oder sagen es sogar: »Nun ist er/sie völlig übergeschnappt.« Sich zu nichts zu bekennen, ist im Osten der gesellschaftliche Trend. Deshalb ist etwa die Jugendweihe, deren Vertreter nach der Wende erklärtermaßen stolz darauf sind, ohne jedes Bekenntnis auszukommen, das »Sakrament der Ostdeutschen.« Es gilt also, noch sensibler wahrzunehmen, wie unter diesen widrigen Umständen Menschen von Gott auf den Weg zum Glauben geführt worden sind. Ich empfehle, unter diesem Blickwinkel einmal die vorliegenden Berichte zu lesen, um Konsequenzen für unseren missionarischen Auftrag zu ziehen, das Evangelium allen Menschen zu verkünden.

*7. Auf andere Weise Christen, aber keine anderen Christen*

Gelegentlich begegnet man in Abhandlungen oder Reden über die Neugetauften Idealisierungen, als ob diese die wahren und eigentlichen Christen seien, zumindest das zukunftsfähigere Exemplar des Christseins.

Aber vor einer Idealisierung der Neugetauften kann nur gewarnt werden. Unter ihnen gibt es genauso die gleichen Menschen wie unter Altchristen.

Freilich haben sie uns voraus, dass sie sich als Erwachsene bewusst für die Taufe entschieden haben, was unsere Eltern meist gleich nach der Geburt für uns getan haben. Eine der Neugetauften fragte mich einmal, ob es denn stimme, was ihr jemand aus der katholischen Gemeinde gesagt habe: »Wenn man nicht von Kind an katholisch ist, wird man es sowieso nie richtig.« Ich antwortete: »Diese Frau hat zugleich Recht und nicht Recht. Recht hat sie darin, dass Sie nicht auf die gleiche Weise katholisch sein können wie diese mit ihren das Leben von Anfang an prägenden Erfahrungen. Unrecht hat sie darin, dass es nur eine Art katholischen Christseins gibt.« Die Neuchristen verändern die Gemeinden, die sich bis dahin zumeist aus den durch die Generationen weiterlaufenden familienhaften Gemeinschaften fortgezeugt und erhalten haben. Der Glaube wird durch die Zeiten getragen, weil Christen Kinder kriegen, die wieder Christen werden. Das erinnert sehr an die Art und Weise von manchen heimats- und ortsverbundenen Schützenvereinen mit ihren Großväter-, Väter-, Kinder- und Enkelgenerationenfolge. Die Neuchristen machen die Gemeinden vielfältiger und vielgestaltiger, was manche eingefahrenen Traditionen in Frage stellt.

*8. Crash zwischen Geist und kirchlichem Recht*

In diesem Punkt berühren wir ein heikles Thema, das aber nicht ausgespart werden darf, eben gerade dann nicht, wenn wir mit Ehrfurcht und Staunen wahrnehmen, was Gott in Menschen gewirkt hat. Zum Beispiel: Da hat ein Mann endlich Gott gefunden (oder richtiger: ist von Gott gefunden worden). Überraschend und auch wenig begreiflich für ihn, wird ihm nun mitgeteilt: »Du bist aber mit einer evangelischen Frau verheiratet, die schon einmal mit einem evangelischen Mann verheiratet war. Sie möchte nun mit dir katholisch werden. Aber ihre erste Ehe ist nach katholischem Recht unauflöslich. Deshalb könnt ihr nicht kirchlich heiraten und auch nicht zu den Sakramenten gehen.« Und müssen wir dem Mann sagen: »Deine Gotteserfahrung steht im Widerspruch zu unserem kirchlichen Recht«? Ist damit der Weg zur Taufe beendet oder zumindest der zur Eucharistie?

Wenn Gott »Unglaubliches« gewirkt hat, dürfen wir dann auf diese Weise mit den Menschen umgehen? Freilich muss jedem Taufbewerber klar sein: Auch die Partnerschaft, die Sexualität, ja eben das ganze Leben dürfen aus dem Verhältnis zu Gott nicht ausgespart werden, sind nicht einfach reine Privatangelegenheit. Und noch einmal anders: Freilich, und deshalb bin ich mit Überzeugung katholisch, gehört die nicht einseitig auflösbare Spannung von Ideal und menschlichem Versagen »et-et«, das »sowohl als auch«, zur Grundstruktur des katholischen Glaubens: das hohe Ideal der Unauflöslichkeit der Ehe, der verlässlichen Treue auf der einen Seite und die Erfahrung, dass manche Partnerschaften im ersten Versuch scheitern,

auf der anderen Seite. Aber darf/muss man nicht fragen, ob die kirchlichen Regeln in allem der veränderten Situation unserer Zeit entsprechen? Und was ist konkret zu tun, wenn Geist gegen Gesetz, Barmherzigkeit gegen kirchliche Vorschrift stehen? Das geltende kirchliche Gesetzbuch formuliert höchstselbst in seinem letzten Kanon: »prae oculis habita salute animarum, quae in Ecclesia suprema semper lex esse debet«, »das Heil der Seelen vor Augen, das in der Kirche immer das oberste Gesetz sein muss«. Das entspricht dem Wort Jesu an seine nur auf das Gesetz pochenden Gegner: »Der Sabbat ist für den Menschen da und nicht der Mensch für den Sabbat.«
Wenn uns die erwachsenen Neugetauften durch ihre Erfahrung gelehrt haben, dass Gott der erste Missionar ist, dann sollten wir auch lernen, dass Gott der erste Pastoraltheologe ist. Einen pastoralen Umgang mit den Menschen nach dem Maß Gottes hat Bischof Joachim Wanke einmal so formuliert: »Wer mit der Kirche zum ersten Mal in Berührung kommt, sollte damit rechnen dürfen, willkommen zu sein. Das ›Bodenpersonal Gottes‹ darf nicht kleinlich sein, wenn Gott großzügig ist. Kirche ist zwar nicht für alles, aber doch für alle da.«

*9. Unglaubliche Bekehrung der Glaubenden?*
Um missionarisch sein zu können, müssen zuerst die Glaubenden zu den Ungläubigen bekehrt werden. Katholische Gemeinden in der Diaspora neigen oft zur Abgeschlossenheit und Selbstgenügsamkeit. Hier tradiert sich nicht nur ein Verhaltensmuster aus der DDR-Zeit weiter, das mit Nischen- und Wagenburgmentalität bezeichnet wurde. Es scheint auch schwer, angesichts der immer noch kleiner werdenden Gemeinden die Überzeugung nicht zu verlieren, dass der eigene Glaube zugleich die Antwort für alle Menschen ist. Die Bemerkung einer für unsere Situation sensiblen Frau hat mich nachdenklich gemacht: »Unsere Gemeinde scheint mehr eine Art Selbsthilfegruppe zu sein als eine Gemeinschaft, die sich von Christus in die Welt von heute gesendet weiß.« Dabei bietet eine arme und kleine Kirche auch mehr die Chance, den Menschen vor Ort nahe zu sein, als eine mächtige, große und reiche Kirche.
Das zieht zwei weitere unglaubliche Bekehrungen nach sich:
Die unglaubliche Bekehrung zum Einzelnen: Sicher ist der Weg in die Kirche hinein kein Massenphänomen im Osten. Aber das kann unseren Blick auch öffnen für die Bedeutung des einzelnen, der oft nur noch in der Masse und als Nummer zählt.
Die unglaubliche Bekehrung zur Ökumene:
Die Erfahrungen der Neugetauften erzwingen geradezu die Frage: Wenn die Christen so eine großartige Botschaft haben, wieso sind sie dann noch immer getrennt? Das sollte unseren ökumenischen Bemühungen wieder mehr Auftrieb geben. Christ kann man heute nur sein, wenn einem die Einheit aller Christen ein Herzensanliegen ist.

*10. Unglaubliche Seelsorge – ein neues Modell der Pastoral*
Die Lernerfahrungen lassen sich so zusammenfassen, der »sensus infidelium« »offenbart« uns eine neue Pastoral und Seelsorge:

»Pastoral der liebenden Aufmerksamkeit«.
Im Augenblick überwiegt, zumindest in den dafür zuständigen Ämtern und Referaten, die Pastoral der Konzepte und Projekte. Das bedeutet, dass wir überlegen, wie die Pastoral besser und effektiver organisiert und an die Leute gebracht werden kann. Eine Pastoral der liebenden Aufmerksamkeit hätte die Sensibilität zu entwickeln und die Sinne zu schärfen für das, was Gott in der Welt und im anderen Menschen tut, um dort unterstützend, begleitend »coachend« zu wirken. Ein Satz aus dem Reichtum jüdischer Weisheit sagt es so: »Wenn du mich wirklich lieben würdest, wüsstest du, wie es mir geht.«

»Pastoral aus dem Augenwinkel« (E. Tiefensee)
Diese Formulierung geht zurück auf eine Episode aus dem kleinen Prinzen von Exupery der so gern mit dem Fuchs spielen möchte. Der aber ist noch nicht gezähmt. Auch so eine Sache, die die Erwachsenen vergessen haben. Der Fuchs wird also jeden Tag kommen und sich immer ein Stück näher setzen. Und Fuchs und kleiner Prinz werden sich aus den Augenwinkeln anschauen. Unserer Pastoral fehlt neben dem Einfühlungsvermögen oft auch die Geduld. Damit liegen wir klar im heutigen Trend, in kürzester Zeit größte Erfolge zu erzielen. Zum Nachdenken hat mich ein spätberufener Priester angeregt: »Ich war vorher Bauer. Da habe ich das gelernt, was manchen meiner Mitbrüder fehlt im Umgang mit den Menschen: die Geduld. Denn es braucht Zeit, bis die Saat aufgeht und erntereif ist, bis ein gepflanzter Apfelbaum die ersten Früchte trägt. Ich hatte mal eine Katze, die sich erst nach einem Jahr das erste Mal von mir streicheln ließ.«

»Kairospastoral statt Kronospastoral.«
Ich muss gestehen, dass ich mir das am meisten wünsche und am wenigsten weiß, wie ich es praktisch umsetzen kann. Mein Terminkalender bestimmt zumeist, was ich mit Menschen und für Menschen tue. Etwa so: »Bekommen Sie Ihr Problem Freitag zwischen 19.00 und 19.45 Uhr. Denn da habe ich Zeit.« In der griechischen Mythologie frisst bezeichnenderweise Kronos seine Kinder. »Kairos« ist die Zeitvorstellung der Bibel: Es ist die rechte Zeit, die gefüllte Zeit, die reife Zeit, um ein Problem zu besprechen, ein Fest zu feiern …
Aber wie kann das gehen bei immer größeren Aufgabenfeldern und zunehmender Verantwortung für großflächige Gemeindeverbünde? Doch was richtig ist, wird nicht falsch dadurch, dass wir Schwierigkeiten haben, es umzusetzen. Es muss zumindest versucht werden, zumal wenn wir es von Gott selbst durch die unglaubliche Erfahrung von Menschen gelernt haben. Und schließlich ist daran zu erinnern: Pastoral und Seelsorge sind nicht allein Angelegenheit der Priester und anderen pastoralen Mitarbeiter, sondern Aufgabe aller Gläubigen, des ganzen Gottesvolkes.

*11. Das unglaubliche Gesicht des Glaubens*
Glauben ist ein personales Angebot. Es ist nicht in erster Linie eine imponierende Weltanschauung, ein überzeugendes Glaubensgebäude. Auf den Gesichtern der Neugetauften spiegelt sich das Licht Gottes wieder, wie es in der Kirchenkonstitution des Zweiten Vatikanischen

Konzils »Lumen Gentium« heißt: »Christus ist das Licht der Völker. Darum ist es der dringende Wunsch dieser im Heiligen Geist versammelten Heiligen Synode, allen Menschen durch seine Herrlichkeit, die auf dem Antlitz der Kirche wiederscheint, zu erleuchten, indem sie das Evangelium allen Geschöpfen verkündet.« Die neugetauften Christen geben der Kirche ein je neues Gesicht, uns anderen zur Ermutigung und Nachahmung. Wagen wir den Aufbruch zu einer missionarischen Kirche!

*Dr. Gerhard Nachtwei*

## DIÖZESANVERANTWORTLICHE KATECHUMENAT

**Aachen**

Arno Jenemann
Bischöfliches Generalvikariat, Klosterplatz 7, 52062 Aachen
Tel.: 0241 / 45 23 78, Fax: 0241 / 45 25 34
E-Mail: arno.jenemann@gv.bistum-aachen.de

**Augsburg**

Michaela Wuggazer
Bischöfl. Seelsorgeamt, Kappelberg 1, 86150 Augsburg
Tel.: 0821 / 31 52-242, Fax: 0821 / 31 52-263
E-Mail: michaela.wuggazer.katechumenat@-t-online.de

**Bamberg**

Georg Böllner-John
Erzbischöfliches Seelsorgeamt, Domplatz 3, 96049 Bamberg
Tel.: 0951 / 50 23 59, Fax: 0951 / 50 23 69
E-Mail: georg.boellner-john@erzbistum-bamberg.de

**Berlin**

P. Bernhard Heindl SJ
Witzlebenstr. 30a, Forum der Jesuiten, 14057 Berlin
Tel.: 030 / 320 00 10, Fax: 030 / 320 00 118
E-Mail: KGI@erzbistumberlin.de

**Dresden/Meißen**

Dompfarrer Klemens Ullmann
Schloßstr. 24, 01067 Dresden
Tel.: 0351 / 48 44 712, Fax: 0351 / 48 44 812
E-Mail: info@kathedrale-dresden.de

| | |
|---|---|
| **Eichstätt** | Dr. Franz Josef Hausmann, Beatrix Wilhelm<br>Bischöfliches Seelsorgeamt, Luitpoldstr. 2, 85072 Eichstätt<br>Tel.: 08421 / 50 610 oder 50 668, Fax: 08421 / 50 609<br>E-Mail: fhausmann@bistum-eichstaett.de<br>bwilhelm@bistum-eichstaett.de |
| **Erfurt** | Weihbischof Dr. Reinhard Hauke<br>Domstr. 9, 99084 Erfurt<br>Tel.: 0361 / 65 72-402 oder 0172 / 370 91 63<br>Fax: 0361 / 65 72-402<br>E-Mail: dompfarramt@dom-erfurt.de |
| **Essen** | Dr. Nicolaus Klimek<br>Bischöfliches Generalvikariat, Zwölfling 16, 45127 Essen<br>Tel.: 0201 / 22 04-280, Fax: 0201 / 22 04-625<br>E-Mail: nicolaus.klimek@bistum-essen.de |
| **Freiburg** | Anja Berkmann<br>Erzb. Seelsorgeamt, Okenstr. 15, 79108 Freiburg<br>Tel.: 0761 / 514 41 29, Fax: 0761 / 514 47 61 35<br>E-Mail: anja.berkmann@seelsorgeamt-freiburg.de |
| **Fulda** | Pfr. Markus Günther, Herrengasse 6, 36137 Großenlüder<br>Tel.: 06648 / 74 61, Fax: 06648 / 84 73<br>E-Mail: hlgeorg@t-online.de |
| **Görlitz** | Ordin. Rat Dr. Alfred Hoffmann<br>Postfach 300 943, 02814 Görlitz<br>Tel.: 03581 / 47 82 35<br>E-Mail: seelsorgeamt-goerlitz@t-online.de |
| **Hamburg** | P. Andreas Leblang SJ<br>Beim Schlump 57, 20144 Hamburg<br>Tel.: 040 / 41 49 68 90, Fax: 040 / 36 03 95 76 44<br>E-Mail: leblangsj@jesuits.net |
| **Hildesheim** | Matthias Kaune, Dr. Christian Hennecke<br>Bischöfl. Generalvikariat, Domhof 18-21, 31134 Hildesheim<br>Tel.: 05121 / 307-369, Fax: 05121 / 307-488<br>E-Mail: verkuendigung@bistum-hildesheim.de |

| | |
|---|---|
| **Köln** | Dr. Andreas Bell<br>Bischöfl. Generalvikariat, Marzellenstr. 32, 50668 Köln<br>Tel.: 0221/16 42-13 15, Fax: 0221/16 42-13 70<br>E-Mail: Andreas.Bell@erzbistum-koeln.de |
| **Limburg** | Martin Klaedtke<br>Bischöfliches Ordinariat, Roßmarkt 4, 65549 Limburg<br>Tel.: 06431 / 29 55 82, Fax: 06431 / 29 52 36<br>E-Mail: M.Klaedtke@BistumLimburg.de |
| **Magdeburg** | Propst Dr. Gerhard Nachtwei<br>Zerbster Str. 48, 06844 Dessau<br>Tel.: 0340 / 26 076-11, Fax: 0340 / 26 076-26<br>E-Mail: propstei.dessau@t-online.de |
| **Mainz** | Rainer Stephan,<br>Bischöfl. Ordinariat, Bischofsplatz 2, 55116 Mainz<br>Tel.: 06131 / 25 32 41, Fax: 06131 / 25 35 58<br>E-Mail: Gemeindekatechese@Bistum-Mainz.de |
| **München-Freising** | Dr. Gabriele Grunden,<br>Glaubensorientierung in St. Michael, Maxburgstr. 1, 80333 München<br>Tel.: 089 / 23 17 06-35, Fax: 089 / 23 17 07-40<br>E-Mail: gabriela.grunden@jesuiten.org |
| **Münster** | Weihbischof Prof. Dr. Franz-Peter Tebartz-van Elst<br>Horsteberg 17, 48143 Münster<br>Tel.: 0251 / 495 62 10, Fax: 0251 / 49 55 29<br>E-Mail: sekr.wb_tve@bistum-muenster.de |
| **Osnabrück** | Renate Rickelmann-Osterfeld<br>Bischöfl. Ordinariat, Seelsorgeamt, Postfach 1380, 49074 Osnabrück<br>Tel.: 0541 / 31 82 06, Fax: 0541 / 31 82 13<br>E-Mail: r.rickelmann-osterfeld@bgv.bistum-os.de |
| **Paderborn** | Stephan Winzek<br>Erzbischöfl. Generalvikariat, Domplatz 3, 33098 Paderborn<br>Tel.: 05251 / 12 51 476, Fax: 05251 / 12 51 470<br>E-Mail: pastoralinfo@erzbistum-paderborn.de |

**Passau** Gerhard Eckmüller
Bischöfl. Ordinariat, Domplatz 3, 94032 Passau
Tel.: 0851 / 39 31 52, Fax: 0851 / 39 38 80
E-Mail: sakramentenpastoral@bistum-passau.de

**Regensburg** Heidi Braun
Bischöfl. Seelsorgeamt, Obermünsterplatz 7, 93047 Regensburg
Tel.: 0941 / 597-16 03, Fax: 0941 / 597-16 16
E-Mail: hbraun.seel@bistum-regensburg.de

**Rottenburg-Stuttgart** Dr. Claudia Hofrichter
Institut für Fort- u. Weiterbildung, Postfach 9, 72101 Rottenburg
Tel.: 07472 / 922-154, Fax: 07472 / 922-165
E-Mail: Chofrichter.institut-fwb@bo.drs.de

**Speyer** Dr. Thomas Kiefer
Bischöfl. Ordinariat, Webergasse 11, 67346 Speyer
Tel.: 06232 / 10 24 27, Fax: 06232 / 10 25 20
E-Mail: gemeindekatechese@bistum-speyer.de

**Trier** Hans-Georg Reuter
Bischöfl. Generalvikariat, Postfach 1340, 54203 Trier
Tel.: 0651 / 71 05-318, Fax: 0651 / 71 05-515
E-Mail: hans-georg.reuter@bgv.trier.de

**Würzburg** Klaus Becker
Bischöfl. Ordinariat, Ottostr. 1, 97070 Würzburg
Tel.: 0931 / 38 66 34 25, Fax: 0931 / 38 66 33 36
E-Mail: gemeindekatechese@bistum-wuerzburg.de

## ÜBERDIÖZESANE ARBEITSGRUPPE KATECHUMENAT

Leopold Haerst
Deutscher Katecheten-Verein e. V., Preysingstr. 97, 81667 München
Tel.: 089 / 480 92-12 44, Fax: 089 / 480 92-12 37
E-Mail: katecheten-verein@t-online.de

Manfred Lay
Katholische Glaubensinformation, Justinusplatz 2, 65929 Frankfurt/Main
Tel.: 069 / 33 00 97-12, Fax: 069 / 33 00 97-17
E-Mail: lay@kgi.org.

Dr. Alexander Saberschinsky
Deutsches Liturgisches Institut, Postfach 2628, 54216 Trier
Tel.: 0651 / 94 808-22, Fax: 0651 / 94 808-33
E-Mail: saberschinksy@liturgie.de

Ernst Werner
Bereich Pastoral im Sekretariat der DBK, Kaiserstr. 161, 53113 Bonn
Tel: 0228 / 103-228, Fax: 0228 / 103-334
E-Mail: e.werner@dbk.de

Michaela Wuggazer
Bischöfl. Seelsorgeamt, Kappelberg 1, 86150 Augsburg
Tel.: 0821 / 31 52-242, Fax: 0821 / 31 52-263
E-Mail: michaela.wuggazer.katechumenat@t-online.de

## DIASPORAHILFE KONKRET:
## BONIFATIUSWERK DER DEUTSCHEN KATHOLIKEN

### Aufgabe

Das Bonifatiuswerk der deutschen Katholiken ist von der Deutschen Bischofskonferenz mit der Förderung der Diaspora-Seelsorge beauftragt. Diese Aufgabe nimmt das **von Laien gegründete Hilfswerk** seit 1849 wahr.

Förderung der Diaspora-Seelsorge bedeutet, Gläubige zu befähigen, den eigenen Glauben in einer glaubensfremden – zunehmend ungläubigen – Umgebung zu leben und weiterzugeben. Diese Aufgabe wird in unserer heutigen Gesellschaft immer wichtiger! Als »Werk der Solidarität« sammelt das Bonifatiuswerk Spenden und stellt diese den Diaspora-Gemeinden als **»Hilfe zur Selbsthilfe«** objekt- und projektgebunden zur Verfügung: für den Bau von Kirchen und Gemeindezentren, Jugend- und Bildungshäusern, katholischen Schulen und Kindergärten, für die Kinder- und Jugendseelsorge (Religiöse Kinderwochen [RKW], Frohe Herrgottstunden), für die Kinder- und Jugendsozialarbeit, die Ausbildung von Priestern und Mitarbeitern in der Gemeindearbeit sowie für die Motorisierung von Pfarreien.

### Hilfe

Dort, wo die Hilfe des Bonifatiuswerkes ganz besonders gefordert ist, beträgt der Anteil katholischer Christen an der Gesamtbevölkerung 5% oder weniger. In dem extremen Diaspora-Gebiet **zwischen Elbe und Oder** ist das Werk seit seiner Gründung helfend zur Stelle. Hier liegt der eine Schwerpunkt der Arbeit, um Glaubensgemeinschaft zu ermöglichen und »Leuchttürme des Glaubens« zu schaffen.

Die extreme Diaspora-Situation in **Dänemark, Norwegen, Schweden, Finnland und Island** führte im Jahre 1974 zu einer offiziellen Ausweitung des Engagements auf die nordeuropäischen Nachbarländer. Denn katholisch sein im Hohen Norden heißt: große Entfernungen überwinden, sehr verstreut leben, eine Minderheit bilden von ca. 1%.

Infolge der politischen Veränderungen und der großen Hilfebedürftigkeit unterstützt das Bonifatiuswerk seit 1995 auch die baltischen Diaspora-Christen in **Estland und Lettland.**

### Informationen

Gern informieren wir Sie über unsere Arbeit:
Bonifatiuswerk der deutschen Katholiken
Öffentlichkeitsarbeit
Kamp 22
33098 Paderborn
Tel.: (0 52 51) 29 96-40/-42 (Christoph Schommer/Angele Tofall)
Fax: (0 52 51) 29 96-88
E-Mail: info@bonifatiuswerk.de
Internet: www.bonifatiuswerk.de

BONIFATIUS WERK
Frohe Botschaft für Deutschland und Europa